테킬라 이야기

멕시코 태양의 술

차례

Contents

술 이야기

우리의 술 이야기

"우리나라 사람들은 술을 '잘' 마신다."

일반적으로 '잘'이란 부사는 두 가지 뜻을 의미한다. 하나는 말 그대로 '무언가를 잘한다'라는 의미이고, 다른 하나는 '자주' 한다는 의미이다. 우리나라 사람들의 음주가 횟수와 그 양에서 러시아와 매년 경쟁하는 세계 최고 수준인 것은 사실이다. 우리나라 사람들은 술을 자주, 잘 마신다는 것이다.

게다가 이것은 한국 남성의 자존심 같은 것이 돼 외국인과의 술 경쟁에서는 무조건 이겨야 한다는 불문율이, 특히 해외 비즈니스를 하는 사람들 사이에서 전해지기도 한다. 비단 외국인에 대해서만이 아니라 우리나라 사람들 사이에서도, 특히 남자들 사이에서 술 경쟁이란 남자의 자존심과 같아, 술을 많이 그리고 잘 마시는 것은 남성성의 상징처럼 여겨지기도 한다. 물론 언제나 그런 것은 아니다. 술을 무작정 많이 마시는 것은 그저 무식하게 보이기 마련이며 변명의 여지가 없는 무지한 행동임이 분명하다.

언제부터 우리나라 사람들은 술을 마시기 시작했을까? 문헌에 정확한 연대가 나와 있지는 않지만, 일반적으로 제천행사[1]와 함께 음주를 했다고 나와 있는 것을 보면, 제천행사가 있었던 삼한(三韓)시대와 그 전인 고조선(古朝鮮)시대 혹은 그 이전부터 술을 빚어 마셨다고 보아야 할 것이다. 하늘에 드리는 제사와 술 사이에 밀접한 관계가 있었다는 사실은 술이 신성한 것으로 간주됐다는 것을 의미한다. 아마도 고대인들은 술에 취한 상태, 즉 취기(醉氣)라는 것이 종교적으로 신과 만날 수 있도록 유도한다고 믿은 듯하다.

작물에 따라 다를 수 있으나 무엇보다 벼농사는 추수하기 전까지 매일같이 긴장을 풀지 못하는 일이다. 하루라도 김을 매지 않으면 그 게으름이 한 해 농사를 망칠 수도 있는, 인내와 끈기가 필요한 일이다. 하지만 이러한 항상적인 긴장 상태는 심리적·육체적 건강에 악영향을 끼친다. 그래서 농사가 사회의 가장 중요한 경제활동으로 자리 잡은 문화권에서는 한 해에 한 번 무장해제 되는 시기가 있다. 그것이 바로 제천행사였다(우리나라 역사에서 제천행사로 등장하는 것이 그리스 로마 문화권에서는 디오니

소스 혹은 바커스의 축제, 포도주를 마시는 축제로 표현되기도 한다). 이날, 햇곡식과 햇과일을 즐기고 술에 취하고 흥에 취하며 한 해의 노동을 서로 위로하고 새해를 위한 재충전의 시간을 가진다.

이때 담근 술을 정확히 알 수는 없지만 햅쌀과 누룩을 이용한 탁주였을 가능성도 있고 이 탁주를 걸러 낸 청주였을 가능성도 있다. 술을 담그는 기술이 발달했다면 탁주는 농사를 지으며 때때로 마셨을 것이고, 청주는 제천행사와 같은 중요한 행사에서 마셨을 것이다.

술의 기원에 대해 여러 가지 설이 있으나 자연발생적으로 만들어졌다는 설이 유력하다. 당질물(糖質物), 과당 및 포도당은 수분과 만나 자연적으로 발효돼 알코올이 만들어지기 때문이다. 그래서 꿀과 설탕 그리고 각종 곡식류를 이용해 술을 만들 수도 있고 당분이 많이 포함된 과실류를 이용해서 술을 만들 수도 있다. 과실주의 대표적인 예로는 요새 우리나라에서 인기가 점점 높아지고 있는 포도주를 들 수 있다. 곡류를 이용한 술은 맥주와 위스키, 우리나라의 거의 모든 전통주와 일본의 정종까지 그 예가 너무나 많다. 또한 사탕수수에서 얻을 수 있는 럼과 용설란의 즙에서 얻을 수 있는 테킬라 그리고 꿀에서 얻을 수 있는 꿀술(蜜酒)[2]까지 술의 종류는 다양하고 그 맛 또한 다채롭다.

우리나라의 술로는 역시 막걸리와 청주를 꼽을 수 있다. 일반적으로 대한민국의 성인이라면 압도적으로 청주보다 막걸리를 마신 경험이 많을 것이다. 청주 혹은 약주라고 불리던 맑은 술은 일제 강점기를 거치며 소주에 자리를 내주었고, 현재는 제사나 차례에 쓰이고 있다. 사실 막걸리는 농사와 따로 떼서 생각하기 어렵다. 막걸리는 노동의 피로와 배고픔, 갈증을 동시에 해결해 주는 음료이자 식품이며 술이었다. 알코올 도수는 5~6도로 취하기 위해 마신다기보다는 노동과 담소(談笑)의 반주(飯酒)와 같은 역할을 했을 것이다.

사실 자연 발효로 만들어지는 술의 경우 거의 대부분 막걸리와 비슷한 도수를 가진다. 후에 여러 과정을 거치며 20도에 가까운 알코올 도수를 보이는 것도 있지만, 그것은 모두 자연 발효 이후 특별한 공정을 거치기 때문이다. 자연 발효에 의해 만들어지는 술이 5~10도 사이의 알코올 도수를 보이는 것은 전 세계 공통인 것 같다. 포도주의 경우도 마찬가지다. 포도주의 초창기라고 할 수 있으며, 소크라테스, 플라톤, 아리스토텔레스 등이 활동한 고대 그리스 시대에 철학적 주제로 토론하거나 신화와 연극과 시를 이야기하며 마셨던 포도주는 현재의 포도주와는 좀 차이가 있는데, 포도주에 전분(澱粉)과 물을 섞어 도수를 낮춘 걸쭉한 막걸리 스타일의 포도주였다고 한다.[3] 제천행사에서 취기라는 것이 신성함을 느낄 수 있게 해 주는 재료로 쓰였다면 고대 그리스 시대엔 신성함을 이야기하기 위한 반주, 말 그대로 반주였다는 것을 짐작할 수 있다.

증류주의 탄생과 소주 그리고 테킬라

증류주의 탄생과 더불어 술은 한 단계 더 발전했다. 알코올 도수가 40도에 가까운 증류주는 아라비아에서 전해진 증류기술을 사용해 만들어졌는데, 증류주를 만들고 마시게 된 이유를 명확하게 설명하기는 어렵다. 일반적으로 12세기를 전후하여 아라비아의 연금술 중 하나였던 추출기술을 이용하여 증류주가 만들어졌으며 이것이 동서 양 갈래로 전해졌다고 한다. 십자군 운동과 함께 유럽으로 전해진 증류기술로 브랜디, 위스키, 코냑 등이 만들어졌고, 원나라 시기 서진하던 몽골군에 의해 동아시아로 전해진 증류기술 덕에 고량주, 소주 등이 만들어졌다고 한다.

보통 주당들이 공통적으로 하는 말이 있다. 막걸리나 소주를 마시면 다음 날 머리가 깨질 듯이 아프고 속도 안 좋지만 비싼 양주를 마시면 머리가 아프지 않은 것은 물론이고 오히려 몸이 좋아진 듯 느껴진다는 것이다. 비싼 값을 하는 것이 양주란 의미가 될 것인데, 사실 이 말은 맞기도 하고 틀리기도 하다. 자연 발효법으로 만든 술의 경우 10도 내외의 도수가 되면 효모균 자체가 알코올에 중독돼 발효를 멈추고 숙취의 원인이 되는 아세트알데히드를 배출한다. 다시 말해 거의 모든 자연 발효주는 숙취의 원인 물질인 아세트알데히드를 포함하고 있다는 것이다. 그래서 다른 술에 비해 자연 발효주를 마신 후에 숙취가 심하다. 이것은 값비싼 와인도 예외가 아니다. 한편 현재는 발효과정 이후 효과적으로 아세트알데히드의 양을 줄이는 공정을 거치는 자연 발효주도 적지 않다.

증류도 이 아세트알데히드의 양을 효과적으로 줄일 수 있는 방법 중 하나다. 물과 알코올의 끓는점 차이를 이용하여 순수한 에틸알코올만을 추출하는 것이 바로 증류주를 만드는 방법이다. 앞에서 말한 것과 같이 증류주는 보통 40도 내외의 알코올 도수를 유지하므로 적은 양으로 상대적으로 빠른 시간 안에 취기를 느낄 수 있다. 또 숙취도 상대적으로 적어 발효주와 비교했을 때 상대적으로 우위에 설 수 있었던 것은 당연한 일이었다. 게다가 적은 양으로 취기를 느낄 수 있다는 것은 이야기의 반주로서의 술이 아니라 음식의 반주로서의 술이 되기에 충분했다는 의미다. 조그마한 한 잔 술로 입맛을 깔끔하게 바꿀 수 있었으므로, 반주의 유행은 음식문화 자체를 좀 더 다채롭고 특색 있게 발전시킨 주요 요인이 됐을 것이다. 음식과 어울리는 반주로서의 증류주는 한때 우리 조상들의 풍류(風流)에서 가장 중요한 요소였다. 물론 이것은 중국이나 다른 아시아 지역에서도 비슷하게 발전한 것 같다. 하지만 서구의 경우는 좀 달랐던 것 같다.

서양에서 증류주를 불렀던 명칭은 다양했으나 공통의 의미가 있었다. 서너 잔으로 황홀한 느낌을 주고 상처를 치료하기도 하며 고통과 피로를 잊게 하는 생명의 물, 아쿠아 비타(Aqua vita), 오드비(Eaux de vie) 등으로 불렸으며, 이 중 아쿠아 비타가 켈트족 지역으로 전해지며 위스키라는 명칭으로 굳었다고 한다.[4] 포도주를 증류하여 만든 브랜디가 초기에는 의학용으로 쓰였을 정도로 서구의 증류주는 만병통치 혹은 젊음과 생명을 유지할 수 있는 약으로 사용됐던 것 같다. 이런 전통으로 인하여 서구의 증류주는 음식과 함께하는 것이 아닌 오로지 술만을 즐기는 방식으로 발전했다. 사실 우리나라에 증류주가 처음 전해졌을 때는 아마 서구의 방식으로 즐겼을 것이다. 고려 중후반 원나라를 통해 들어온 증류주는 원나라 병사들이 마시던 방식, 즉 하루 종일 말을 달리며 힘든 전투를 마치고 나서 한두 잔의 증류주로 숙면을 취하며 피로를 풀었던 방식으로 소비됐을 것이나, 전쟁 이후 자연스럽게 토착 음식 문화와 결합한 것으로 미루어 짐작할 수 있다.

힘든 하루 일을 모두 마치고 피곤에 지친 몸에 증류주, 즉 소주 혹은 위스키에 취해 잔다는 생각도 못할 정도로 잠에 곯아떨어진 다음 날, 마치 다시 태어난 것처럼 모든 피로를 씻어내고 일어난 경험이 있다면 증류주가 생명의 물이라 불린 이유에 어느 정도 공감할 수 있을 것이다. 물론 이런 경험이 누구에게나 있지는 않겠지만.

사실 증류를 하면 숙취 물질을 걸러 낼 뿐 아니라 술의 양을 효과적으로 줄일 수 있으며 무엇보다 보관이 용이해진다. 보통 자연 발효주의 경우 아무리 보관을 잘해도 몇 년만 지나면 썩거나 식초로 변하기 십상이다. 포도주도 마찬가지여서 최근에서야 십 수 년 보관할 수 있게 됐다. 하지만 증류를 하고 밀봉이 잘 됐다면 십여 년이 지난다고 해도 변질되지 않는다. 보관뿐 아니라 운반 또한 쉬웠으므로 더 나아가 상품으로 수출할 수 있는 가능성도 자연 발효주에 비해 높다고 할 수 있다. 맥주를 증류해서 만드는 위스키, 보드카, 진 그리고 포도주를 증류하여 만드는 브랜디(코냑) 등 수많은 증류주들이 전 세계적으로 사랑받는 것 또한 증류주 자체의 특성 때문이다.[5]

소주도 마찬가지 방식으로 만들어진다. 요즘은 희석식이라 하여 70~80도의 높은 도수의 술을 만든 후 물을 섞는 방법으로 만들지만, 전통적으로는 청주를 증류하여 40도 내외의 술을 만들었다. 현재 전해지는 안동소주가 바로 우리의 전통적인 소주의 모습이라고 할 수 있다. 소주(燒酒)라는 명칭 자체도 태운 술, 즉 증류한 술을 의미한다. 지역별·가문별 특징이 강했던 40도 내외의 전통 소주는 일본 식민시대를 거치며 현재의 소주 모습으로 바뀌게 된다. 물론 전통방식으로 만들어지는 전통주는 그 가격이 만만치 않으므로 공장에서 대량으로 만드는 데에는 현재의 희석식이 적당하다.

소주는 도수와 향, 맛에서도 변화가 있었으나 우리가 술을 소비하는 방식은 그리 변하지 않은 것 같다. 하루의 피로를 풀기 위한 술 그리고 음식의 반주로서의 소주의 모습은 세월이 지나도 그리 변하지 않을 것이다.

전부는 아니지만, 술 문화가 발달한 국가에서는 저마다의 증류주가 있는 편이다. 멕시코의 대표적인 증류주는 바로 테킬라이다. 테킬라가 전 세계적으로 유명해진 것은 1960년대에 히트한 재즈 연주곡 '테킬라'와 1968년에 열린 멕시코 올림픽 덕분이라는 설이 있다. 테킬라는 전 세계적인 명성만 있는 것은 아니다. 악명 높은 술 중에 하나가 바로 테킬라다. 수많은 사건들, 술 취한 이들이 벌인 사고, 주정과 객기의 원인으로 테킬라가 꼽히고 있다. '오늘 테킬라 한잔 하자!'라는 말이 몇몇 지역, 예를 들어 미국 등의 지역에서 '오늘 우리 한번 미쳐 보자!'와 같은 의미로 통용되기도 하는 것 같다. 지금도 칸쿤과 같은 관광지의 클럽에서는 테킬라와 함께 광란의 파티가 매일같이 벌어지고 있다.

테킬라 이야기

명칭과 유래

언어적으로 보면 테킬라라는 명칭은 원주민 언어인 나와틀 (Náhuatl)어(語)의 '테키틀(Tequitl)'에서 유래했다고 한다. 이 단 어는 '일하다, 자르다' 등의 의미다. 수공방식으로 테킬라를 만 들기 위해서는 다양하고 세세한 작업들이 필요했고, 따라서 원 주민들에게는 자신들의 노력의 결실이었으므로 자연스럽게 '할 일' 혹은 '일거리'라고 불렸던 것 같다.

테킬라라는 명칭이 멕시코 제2의 도시(우리나라의 부산과 같은) 과달라하라 근처의 조그만 도시 이름 '테킬라'에서 유래했다는 설도 있다. 이는 샴페인이 프랑스의 특정 지방(샹파뉴)에서 생산

검게 표시된 곳이 법적으로 테킬라를 생산하는 지역이다.

되는 발포(發泡)성 백포도주의 명칭인 것과 같다. 또 코냑이란
명칭이 코냑크 지역에서 생산된 브랜디의 이름인 것과 마찬가
지다.

　뒤에서 다시 언급하겠지만 테킬라라는 도시는 정말 테킬라
만을 위한 도시다. 이 도시와 과달라하라가 속한 할리스코주
(州)와 과나후아토주(州) 그리고 미국으로의 수출을 위해 국경
지역의 타마울리파스 지역에서 생산되는, 용설란 수액을 자연
발효하여 증류한 증류주만을 테킬라라고 부른다.

　일반적으로 멕시코의 증류주는 메스칼(Mezcal)이라고 한다.
메스칼은 나와틀어(語) 메스칼리(Mezcalli)에서 유래했다고 한
다. 메스칼은 멕시코에서 자라는 품종의 용설란[6]을 뜻하는 마
게이(Maguey) 추출액에서 증류된 증류주를 의미하는데 각 지

역마다 부르는 명칭은 약간씩 다르다. 오악사카와 푸에블라 지역에서는 메스칼로(Mezcalo) 혹은 메스카에(Mezcae), 차아파스 지역에서는 로미테로(Romitero), 그리고 테킬라시가 있는 할리스코 지역에서는 테킬라라고 부른다. 명칭뿐 아니라 맛과 향도 약간 다른데 그것은 사용하는 용설란의 품종이 다르기 때문이다. 테킬라의 경우 할리스코 지역에서 자라는 푸른 용설란을 사용하고 다른 지역은 그 지역에서 흔한 용설란을 사용한다.

메스칼이 태양의 선물이란 전설이 있다. 강렬한 태양으로 인해 용설란이 말라 죽었으나, 계속 태양의 열기를 받아 그 열로 인해 익은 것도 아니고 썩은 것도 아닌 그 중간 상태에서 고인 수액이 자연 발효됐고, 줄기의 섬유질 구조를 통해 자연 증류됐다는 것이다. 그것을 수액을 채취하려던 원주민이 우연히 마셨고, 자연 발효주를 마셨을 때와는 비교도 되지 않을 황홀경을 느꼈다고 한다. 이런 황홀경, 취함의 상태는 앞에서 언급한 것과 같이 문명에 상관없이 종교적인 경험으로 간주됐던 것 같다.

테킬라는 스페인의 식민시대에 증류기술이 유입되며 만들어진 것으로 추정된다. 정확한 시기가 언제인지는 알 수 없으나 16~17세기 정도로 추정하고 있다. 앞에서 언급했듯 증류기술은 아랍 지역에서 유래했고 스페인에는 아랍 세력이 존재했으므로, 스페인에는 상당히 뛰어난 증류기술이 있었을 것이라 어렵지 않게 짐작할 수 있다.

증류를 위해서는 자연 발효된 술이 필요하다. 멕시코에서는

한참 성장 중인 용설란의 모습.

그것을 풀게(Pulque)[7]라 하는데, 용설란의 수액을 자연 발효하면 얻을 수 있다. 용설란은 그 이름에서 알 수 있듯이 마치 용이나 뱀의 혀처럼 긴 잎이 있다. 이 잎을 가공하여 천을 만들기도 한다. 하지만 술을 만드는 데 잎은 쓸모없다. 용설란은 우리나라 사람들에게 아주 생소하다. 사실 그 모양으로만 보면 선인장 종류처럼 보이기도 한다. 알로에와 비슷한 모양이나 일반적으로 볼 수 있는 알로에보다 약간 더 크다. 종류에 따라 탈모에 효과가 좋은 샴푸를 만드는 재료로 쓰이기도 한다.

풀게는 바로 용설란의 줄기에 있는 수액에서 만들어진다. 멕시코 중서부에서 볼 수 있는 용설란의 수액은 꿀이라 불릴 정도로 단맛을 낸다. 특이하게도 단맛은 강하지만 실제 당도는 낮다. 따라서 당뇨병 환자들이나 건강식을 먹으려는 사람들에게 아주 좋은 다이어트 감미료이다. 일반적으로 꿀보다 좀 더 짙은 색을 띠며 꿀에 비해 특유의 향이 적어 설탕을 대신하여 각종 요리에 사용될 수도 있다.

풀게는 막걸리와 흡사하게 탁한 우유 빛깔이며 약간 신맛이 나고 발효의 정도에 따라 단맛이 나기도 한다. 멕시코에는 굉장히 다양한 부족들이 스페인 식민시대 이전에 살고 있었다. 이들의 종교는 약간씩 차이가 있으나 대개의 경우 태양신을 섬기는 경우가 많았다. 이들은 마치 동동주나 막걸리와 비슷한 넥타르(Nectar) 형태의 음료를 태양신의 혈액이라 여겨 부족들의 제식에서 서로 돌아가며 마시곤 했다. 풀게는 막걸리의 경우와 비슷하게 노동에 도움을 주는 당분을 공급하여 에너지를 주고 약간의 취기에 의해 피곤을 잊게 하는 농주 역할을 했다. 도수는 만드는 지역에 따라 약간 차이가 있지만 보통 6도 내외라고 한다. 현재도 일부 지역에서 손쉽게 탄수화물, 아미노산, 비타민 등을 보충할 수 있는 음료로 사랑받고 있다. 특히 멕시코의 전통 명절인 망자의 날(el Día del Muerto)에 마시는 음료로 유명하다. 이날에는 우리의 제사와 흡사하게 여러 음식을 차려놓고 풀게를 올리기도 하고, 지역에 따라 전통적 형식을 지키며 여럿이 돌려 마시기도 한다. 전해져 오는 이야기에 따르면 풀게를 마시면 약간의 환각 증세를 보일 수 있다 한다. 하지만 도수가 너무 낮아 제식에 의한 효과일 가능성이 높다. 주당으로 유명한 우리나라 사람들은 체험하기 어려운 효과인 것 같다. 개인적으로는 막걸리보다 좀 더 약하게 느껴졌다.

테킬라의 역사

테킬라에 대한 이야기는 너무나 다양해서 어떤 이야기가 진짜 테킬라의 역사인지 헷갈리는 경우가 많다. 테킬라의 역사에 풀케를 포함하면 그 역사는 천 년 이상이다. 하지만 스페인의 식민지배 이후 16세기를 전후하여 신대륙에 증류주가 등장하므로 이때부터 테킬라의 역사가 시작됐다고 보아야 할 것이다. 식민시대 초창기에 스페인 사람들은 원주민들의 음료이며 유럽의 기준에선 별 매력이 없었던 혹은 비위생적으로 보이던 풀케에 특별한 관심이 없었다. 그들에게는 유럽에서 마시던 럼, 브랜디, 포도주가 있었기 때문이다. 하지만 신대륙에 정착하게 된 스페인 사람들은 자신들의 취향에 맞는 술이 필요했고 다양한 방식으로 용설란의 수액에서 자연 발효한 발효주를 증류했다.

그렇게 하여 만들어진 것이 초기의 메스칼이었다. 처음에는 비노 메스칼(Vino Mezcal), 즉 메스칼 와인이라 불렀다. 세월이 흘러 17세기경 멕시코의 거의 모든 지역에서 용설란 수액 자연 발효주를 다양한 방식으로 증류하기 시작했다. 단순한 구조의 증류기를 이용해 다양한 맛과 다양한 도수, 40~80도 사이의 메스칼을 만들었다고 한다. 마치 조선시대에 각 지역별로 다양한 전통 증류주가 있었던 것과 비슷하다. 물론 대규모가 아닌 가내수공업과 비슷한 형태였다. 현재도 멕시코 지방을 여행하다 보면 직접 만든 메스칼을 파는 것을 어렵지 않게 볼 수 있다.

그중에 한 곳이 바로 테킬라시이다. 테킬라시는 해발고도 천

전통방식의 증류기. 현재도 사용되고 있다.

미터 정도의 화산지형에 위치하고 있어 그 주변이 비옥하고 용설란이 자라기 좋은 조건을 갖추고 있다. 인구가 늘어남에 따라 메스칼의 수요가 점점 늘었고, 테킬라시는 고품질의 메스칼로 점점 유명해지기 시작했다. 이에 따라 당시 멕시코 지역을 관할하던 식민정부 누에바 에스파냐(Nueva España) 부왕청(副王廳)[8]은 메스칼의 생산을 관리하고 주세를 붙이기 시작했다. 1785년 멕시코에서 스페인산(産) 포도주와 기타 증류주의 수요를 높이기 위해 메스칼의 생산은 법으로 금지되기도 했다. 물론 이 시기에도 메스칼은 생산됐으나 합법적으로 유통·판매되지는 못했다. 스페인 왕이 바뀌면서 다시 합법적으로 생산할 수 있었고 1795년 최초로 공식적인 허가를 받아 자신의 브랜드를 가진 메스칼이 탄생했다. 그 이름은 '돈 호세 마리아 과달루페 구에르보(Don Jose Maria Guadalupe de Cuervo)'였다. 이전까지의 수공업적 생산방식에서 벗어나는 시작점이라 할 수 있다. 현재 가장 대중적인 테킬라 브랜드인 호세 쿠에르보의 전신이라 할 수 있다.

19세기에는 미국과의 전쟁과 프랑스의 침입에 의해 멕시코는 황폐해졌고 당연히 메스칼의 생산도 주춤하게 됐다. 하지만 이 시기에 테킬라시의 주변 농장에서는 작물로 용설란을 대량 재배하기 시작했다. 이 지역에서 자라는 용설란을 푸른 용설란(Agave Azul)이라 부르는데 실제로 보면 녹색에 회색이 섞인 빛깔이다. 이때부터 테킬라시에서 생산되는 메스칼을 '테킬라'라는 이름으로 부르기 시작했다고 하는데, 정확하게 언제부터인지에 대해서는 다양한 설(說)이 존재한다.

사실 테킬라의 역사와 발전을 이야기할 때 멕시코만큼 중요한 국가가 미국이다. 미국의 테킬라 수요가 멕시코의 테킬라 산업을 발전시킨 원동력이라 해도 과언이 아니다. 아이러니하게도 테킬라는 멕시코보다 미국에서 먼저 유명해졌다.

1873년 미국에 최초로 테킬라가 수출됐다. 호세 쿠에르보와 멕시코 내에서 아주 대중적인 테킬라 브랜드인 사우사(Sauza)가 바로 그 주인공이었다. 20세기 들어 과학의 발전과 더불어 공정의 기계화로 인해 테킬라의 생산량은 기하급수적으로 늘었다. 하지만 1919년 미국의 금주(禁酒)법 공포에 의해 테킬라의 수요는 주춤했다. 2차 세계대전 이전까지 특별한 변화가 없던 테킬라의 수요는 세계대전 발발과 더불어 다시 상승했다. 특히 전쟁으로 인하여 유럽에서 위스키, 브랜디 등이 거의 생산되지 않자 테킬라가 자연스럽게 그 자리를 차지했다. 물

3~4년 정도 성장한 용설란.

론 전쟁 때는 전체적인 술 소비가 줄어든다. 하지만 생산이 불가능했던 유럽의 증류주들을 대신하며 테킬라는 자신의 이름을 알리기 시작했다. 특히 미국에서 선풍적인 인기를 끌었는데 남성적인 술이란 이미지가 전쟁이란 상황과 어우러지면서 묘한 상승효과를 일으켰다. 1948년 전쟁이 완전히 끝나자 미국 내의 테킬라 수요는 절반 이하로 떨어졌지만 전체적인 테킬라의 수요는 늘어났다. 멕시코 내에서 테킬라의 수요가 높아졌기 때문이다. 테킬라는 이때부터 멕시코 사람들에게 멕시코의 자랑이요, 멕시코 문화의 상징으로 받아들여졌다.

한편 테킬라의 수요에 영향을 끼친 칵테일이 있다. 바로 '마르가리타'이다. 1930~1940년경에 만들어진 것으로 알려진 이 칵테일은 1970년대에 크게 유행하면서 가장 유명한 칵테일 중 하나로 자리 잡았다. 이 칵테일에 테킬라가 사용돼 자연스럽게 테킬라의 수요를 높이는 요인이 됐다.

푸른 용설란이 테킬라의 재료가 되기 위해선 8~12년 정도 자라야 한다. 테킬라 생산자 입장에서는 점점 늘어나는 수요에 생산을 맞추는 데 8~12년이란 시간은 너무나 길다. 그래서 대체 당질물을 찾게 되었고 자연스럽게 테킬라의 품질은 점점 떨어졌다. 특히 특유의 향이 점점 사라졌다.

이에 멕시코 정부는 국가의 문화적 수출상품을 보호하기 위해 1978년 테킬라 생산에 대한 법률을 제정했다. 프랑스 정부가 포도주를 보호하며 생산을 장려하는 것과 마찬가지로 멕시코 정부는 무엇이 테킬라이고, 어떤 재료로 어떤 과정을 통해 만들어져야 하는지를 법률로 정해 놓았으며, 테킬라의 종류와 등급에 대해서도 명문화하여 확실히 밝혔다. 다시 말해 테킬라라는 이름으로 판매되는 모든 테킬라를 멕시코 정부가 보증하는 것이다. 생산되는 모든 테킬라의 라벨에 고유번호를 붙여 어떤 공장에서 생산됐는지를 표기하는 것 또한 정부의 관리 아래서 이루어진다. 테킬라는 정부에서 법률적으로 그 품질을 보증하는 몇 안 되는 술이다.

테킬라의 종류

테킬라의 종류는 일단 원료에 따라 구분된다. 즉 어떤 종류의 용설란을 사용했는지에 따라 구분된다.

우선 100퍼센트 용설란을 사용했는지 다른 당질물을 첨가하여 만들었는지에 따라서도 나뉜다. 100퍼센트 용설란을 사용했을 경우 더 고가에 팔린다. 그리고 용설란 중에서 테킬라 시에서 자라는 푸른 용설란만을 사용했는지 다른 용설란을 섞었는지에 따라서도 나뉜다. 쉽게 예상할 수 있듯이 푸른 용설란만을 이용해 만들어진 테킬라가 가장 고급으로 꼽히지만 테킬라 마니아 중에선 몇 가지 용설란을 섞어 만든 테킬라를 선호하기도 한다.[9]

용설란의 종류보다 더 확실하게 그 품질과 맛을 좌우하는

것이 숙성과정이다. 테킬라
가 숙성된다는 자체에 의문
을 가질 수도 있겠지만 소
주와 달리 테킬라는 숙성
정도에 따라 그 맛과 향이
달라진다.

테킬라 블랑코

첫 번째로 테킬라 블랑코
(Tequila Blanco)가 있다. 투
명한 테킬라다. 종종 '실버
테킬라'라고 불리기도 한다.
보드카와 같이 투명한 빛
깔이며 어떤 면에서는 소주
를 연상케 한다. 테킬라 블

'NOM 1139'는 제조공장의 허가번호로 법으로
허가된 방식으로 생산됐음을 나타내는 것이다.

랑코는 가장 순수한 테킬라
라 할 수 있으며 전통적인 증류주의 초기 모습과 가장 닮았다.
자연 발효와 증류 이후에 어떤 작업도 더해지지 않으며 숙성
의 과정도 전혀 거치지 않은 것이다. 테킬라 본연의 맛과 향을
느낄 수 있고 용설란의 향이 가장 많이 배어 있다. 법적으로는
증류 후 6일 이내에 출하돼야만 테킬라 블랑코라 불릴 수 있다.
테킬라 블랑코는 위에서 밝혔듯 가장 순수한 스타일의 테킬

라이며, 강렬하고 뜨거운 테킬라의 성질을 가장 화끈하게 보여준다. 미각이 민감한 이들은 테킬라 블랑코에서 꽃향기나 허브 향을 느끼기도 하는데, 이것이 바로 용설란의 향이다. 용설란의 향은 후추 같은 매운 향료의 맛 혹은 향 같은 느낌이 난다. '느낌'이라고 표현한 이유는 이것이 정말 향이기도 하지만, 38~40도의 증류주를 마실 때 자연스럽게 느껴지는 알코올의 향과 비슷하기도 하기 때문이다. 비교를 한다면 그 맛은 안동소주보다 가볍고 위스키보다 여운이 덜 하지만 강렬함만은 그 어디에도 뒤지지 않는다. 여운이 적은 이유는 술을 마신 후 레몬즙이나 라임즙을 마시고 소금을 약간 먹음[10]으로써 마치 불꽃놀이의 화려한 모습이 순간 사라지듯 그 강렬함이 바로 사라지기 때문이다. 보통 '드라이'라는 표현에 가장 어울리며 젊은 층이 좋아할 만한 테킬라이다. 고량주와 안동소주 등의 높은 도수의 전통 증류주가 마시는 순간 식도를 따라 내려가면서 반대로 식도를 타고 올라오는 뜨거움이 있다면, 테킬라 블랑코는 마시는 순간 머리를 중심으로 불이 타오르듯 위로 확 오르는 것이 특징이며 매력이다.

골드 테킬라

두 번째로 골드 테킬라가 있다. 밝은 담황색의 테킬라로 우리가 보통 볼 수 있는, 몇 년 정도 숙성된 스카치위스키와 비슷한 색이다. 하지만 숙성된 것은 아니다. 테킬라 블랑코에 식용색소

(보통 캐러멜 색소)를 첨가해서 색깔과 맛을 낸다. 이 때문에 골드 테킬라는 우리나라 사람들에게 별 매력이 없어 보인다. 하지만 예상 밖으로, 수출되는 테킬라 중 반 이상이 골드 테킬라다.

사실 골드 테킬라는 뒤에 언급할 숙성된 테킬라의 맛과 색을 흉내 낸 것이다. 하지만 숙성된 증류주와 갓 증류된 술에 여러 향과 맛을 첨가한 것 사이에는 확실히 차이가 있다. 숙성된 증류주에 비해 가격이 저렴하고, 화끈한 테킬라 블랑코의 맛과 숙성된 테킬라의 부드럽고 마지막에 달짝지근한 뒷맛까지 두 가지 이상의 상반된 맛을 동시에 느낄 수 있다. 멕시코를 제외한 지역, 예를 들어 미국에서 가장 쉽게 접할 수 있다. 어떤 면으로는 테킬라를 처음 접하는 이들에게 가장 추천할 만하다. 멕시코에서는 거의 볼 수 없는 수출 전용 테킬라이다.

테킬라 레포사도

세 번째로 테킬라 레포사도(Reposado)가 있다. 레포사도는 '휴식을 취한' 정도로 번역할 수 있다. 멕시코 법에 의하면 60일 이상 1년 미만의 기간 동안 숙성돼야 테킬라 레포사도라 부를 수 있다. 숙성은 보통 커다란 참나무통에서 이루어지는 경우가 많지만 다른 목재로 만든 통이 사용되기도 한다. 1만~3만 리터 용량의 참나무통에서 숙성시키기도 하지만 회사와 브랜드에 따라 더 작은 용량의 나무통을 이용하기도 한다. 물론 더 작은 나무통에서 숙성한 테킬라가 더 고급이다.

레포사도용 대용량 참나무통.

보통 2~9개월 정도 숙성시키는데 숙성기간, 숙성시키는 환경, 나무통의 용량 등은 제조업체의 다양성이 많이 반영된다. 다시 말해 60일이라는 숙성기간 외의 조건은 법적으로 언급돼 있지 않기 때문에 같은 테킬라 레포사도라고 해도 색과 향은 조금씩 다르다.

숙성의 효과는 일단 색과 향에서 나타난다. 나무통에서 숙성되면서 투명한 테킬라는 황금빛으로 변한다. 물론 어떤 나무로 만든 통에서, 얼마만큼의 기간 동안 숙성됐나에 따라 그 색과 향은 약간 차이가 난다. 육안으로 보기에 골드 테킬라와 별 차이가 나지 않으나 일반적으로 테킬라 레포사도가 더 밝은 혹은 좀 더 진짜 황금에 가까운 황금빛이라고 믿고 있다.

숙성이란, 화학적으로 간단히 설명하면 알코올의 느린 산화 과정이라 할 수 있다. 그 과정에서 화학적 구조가 바뀌어서 테킬라 레포사도가 블랑코 테킬라보다 좀 더 부드럽게 느껴진다. 단지 맛만 부드러워지는 것이 아니라 향도 바뀐다. 향이 바뀌는 데 무엇보다 통에 사용된 나무의 역할이 큰데, 나무의 종류에 따라 그 향도 조금씩 차이가 있다. 물론 그 색과 향을 3~5년 혹은 10년 이상 숙성된 스카치위스키와 직접 비교하기는 좀 어렵다.

테킬라 레포사도는 테킬라 블랑코의 강렬함, 무엇보다 머리 위로 올라오는 테킬라의 불꽃놀이, 펑펑 터지는 그 느낌은 그대로지만 불꽃놀이의 가장 밝은 부분 혹은 가장 크게 퍼지는 부분이 빠진 것 같은 맛이다. 향에서도 푸른 용설란의 향과 테킬라 특유의 매운 향이 그대로 느껴지지만 테킬라 블랑코와 비교하면 좀 더 옅고 부드러우며, 마시고 난 후 입안에 숙성된 증류주에서 느낄 수 있는 참나무 향이 감도는 것을 느낄 수 있다. 이 참나무 향을 어떤 이들은 바닐라 향이라고도 하는데, 개인적으로 바닐라가 크림이나 아이스크림의 향이란 생각이 강해 별로 공감이 가지는 않는다.

어떤 면에서 테킬라 레포사도는 균형을 이루고 있다고 할 수 있다. 실제로 멕시코에서 가장 인기 있는 테킬라가 바로 테킬라 레포사도다. 테킬라 블랑코처럼 칵테일로도 마시고, 소금, 레몬과 함께 스트레이트로 즐기기도 한다. 다른 술과는 달리 냉동실에서 술병에 살얼음이 얼 정도로 차갑게 보관하여 스트레이트로 즐기는 것이 유행이다. 마치 우리나라에서 차가운 소주를 선호하는 것과 비슷하다. 차가울수록 잡스런 향이 없어지고 레포사도의 독특한 향이 퍼져 나온다고 믿는 것 같다. 하지만 너무 차가울 경우 혀와 코가 살짝 마비돼 맛이나 향을 제대로 느낄 수 없다. 사실 술이 너무 차가우면 평소보다 더 빨리 그리고 더 많이 마시게 된다. 여기에 레몬과 소금처럼 맛이 강한 안주를 곁들이면 더더욱 맛과 향을 제대로 느낄 수 없게 된다. 그러므로 너무 차갑게 즐기는 것보다 적당히 차가운 정도, 맥주와 비슷하게 시원하다고 느낄 정도의 온도에서 즐기는 것이 좋다. 물론 레몬과 소금을 곁들여 얼음처럼 차가운 테킬라를 연신 원 샷 하는 멕시코 사람들에겐 그 나름의 이유가 있을 것이다. 폭 탄주를 연거푸 들이키는 우리나라 사람들이 그렇듯 말이다.

테킬라 레포사도는 특이하게 자몽 청량음료에 섞어 마시는 경우가 많다. 사실 자몽 특유의 향과 푸른 용설란의 향은 서로 비슷한 면이 있다. 그래서 자몽 청량음료와 테킬라 레포사도를 섞으면 상승효과가 생겨 그 향이 더 진해지는 것을 느낄 수 있 다. 멕시코의 대형 슈퍼마켓에서는 자몽 청량음료와 테킬라를 패키지 상품처럼 하나로 묶어 파는 경우도 많다.

테킬라 레포사도는 최근 들어, 특히 미국으로 수출되면서 그 생산량이 매해 증가하고 있다고 한다. 우리나라에서 판매되고 있는 호세 쿠에르보나 히마도르(el Jimador) 같은 테킬라는 모 두 테킬라 레포사도. 가격과 색과 향 등의 기준으로 보면 가 장 경쟁력 있는 테킬라라 할 수 있다.

테킬라 아녜호

네 번째로 테킬라 아녜호(Añejo)가 있다. 아녜호란 단어 자체 가 숙성된(aged)이란 의미이다. 멕시코 법에 의하면 테킬라 아 녜호는 600리터 이하의 정부 공인 나무통에서 1년 이상 숙성 돼야만 한다. 1년은 법으로 정해진 최소한의 시간이고 각 브랜 드에 따라 1~3년 사이의 서로 다른 기간 동안 숙성시킨다. 따

참나무통에서 숙성 중인 테킬라 아녜호

라서 그 맛과 향도 차이가 있다. 나무통은 법적으로 600리터
이하라고 정해졌으나, 보통 위스키를 숙성시킬 때 상용되는 것
과 같은 190리터짜리 참나무통이 많이 사용된다. 길어진 숙성
기간 때문에 테킬라 아녜호는 테킬라 레포사도에 비해 좀 더
색이 짙어지고, 색에 비례하여 향과 맛이 더 부드러워지고 풍
부해진다. 특히 마시고 난 후 입안에 풍부하고 진한 잔향을 남
기는 것이 특징이다. 사실 테킬라 아녜호는 우리에게 가장 친근
한 맛과 향이다. 오랜 기간 숙성된 버번이나 스카치위스키와 아
주 비슷하기 때문이다. 이것은 숙성과정을 통해 테킬라가 장기
간 숙성한 증류주와 질적으로 흡사하게 변화했다는 것을 의미
한다.

　일반적인으로 테킬라 아녜호는 가장 고급의 테킬라로, 푸른
용설란의 맛과 향이 참나무통에서 숙성되어 최고의 하모니를
이뤘다고 할 수 있다. 테킬라가 다른 증류주와 구별되는 특징

을 잃지 않으면서도 장기간 숙성의 효과를 높이기 위해선, 무엇보다 용설란의 향과 앞에서 바닐라 향이라고 표현한 참나무 통에서 숙성돼 나타나는 향이 조화를 이루어야 한다. 또한 용설란의 향이 강하게 혀를 자극하고 넘어가면 그 강렬함을 바닐라 향이 부드럽게 감싸며 마무리돼야 한다. 이 두 가지가 조화를 잘 이루면 그 어떤 고급 증류주와도 비교할 수 없는 깊은 향과 맛의 테킬라 아녜호가 탄생한다.[11]

하지만 숙성과정을 통해 맵다고 표현할 수 있는 테킬라의 강렬함이 상대적으로 희석된다. 또한 장기간 숙성으로 가격도 상승한다. 브랜드에 따라 다르지만 테킬라는 750밀리리터 혹은 1리터짜리 한 병에 5천 원에서 2만 원 정도 하는 멕시코 국민주라고 할 수 있다. 하지만 테킬라 아녜호는 일반 소매점에서도 7만 원에서 10만 원 사이에[12] 팔리며, 술집에서는 이 가격의 두세 배에 팔린다. 국민주라 부르기엔 좀 높은 가격이다.

테킬라 아녜호는 그 어떤 고급 숙성 증류주, 즉 7년 혹은 10년 이상 숙성된 증류주에 비해 전혀 뒤지지 않는 맛과 향을 지녔지만, 인지도 면에서 다른 그 술과 경쟁하기 힘들다. 가격의 측면에서는 그렇게 차이가 크지 않다. 이런 이유에서 고급 증류주 시장에 진출하기 위해 (멕시코의 테킬라 관련 법률에는 언급돼 있지 않으나) 무이 아녜호(Muy Añejo)라는 라벨을 붙인 테킬라가 등장했다. 무이 아녜호는 '아주 숙성된(very aged)'의 의미다. 법으로 정해진 1년을 넘겨 2년 혹은 3년 정도 숙성된 테킬라는 이미 아녜호의 범주를 넘어섰으므로 테킬라 생산업체에서는 당연히 다른 기준으로 분류되기를 원할 것이고, 당연히 가격에도 반영이 될 것이다. 드문 경우긴 하지만 요즘에는 라벨에 다른 스카치위스키의 경우처럼 숙성기간을 명시하는 경우도 있다. 이런 테킬라의 고급화는 국민주를 넘어서 세계 명주(名酒)와 경쟁하기 위해서이다.

테킬라 아녜호는 술의 향을 중요시하는 우리나라의 애주가들에게 고급 스카치위스키 대신에 한 번 정도 그 맛과 향을 음미해 보라 권유할 만한 술이다.

개인적으로도 테킬라 아녜호를 선호하긴 하지만 아녜호의 맛이 강렬하고 뜨거운 증류주 테킬라의 이미지에 어울리는 것인지 헷갈리기도 한다. 그리고 테킬라의 고급화는 마치 소주의 고급화, 즉 고가의 소주라는 느낌마저 준다. 소주는 그 맛뿐만 아니라 부담 없이 즐길 수 있는 가격도 무시할 수 없는 매력이다. 테킬라의 고급화는 가격의 상승을 피할 수 없기에 멕시코 국민주라는 기준으로 보면 약간 어색해 보이기까지 한다. 하지만 테킬라의 고급화는 앞으로도 계속 이어질 것이다. 어쩌면 세계 유명 증류주와 어깨를 나란히 하는 것이 많은 테킬라 제조사들의 꿈일지도 모른다.

테킬라, 어떻게 만드는가?

테킬라의 제조과정을 상세히 기술하는 것을 불필요한 일이라 생각할 수 있다. 하지만 술의 맛과 향의 미묘한 차이를 알기 위해서는 필요한 일이다. 직접 술을 만들어 보거나 지방색이 가득한 다양한 소주를 마신 사람들에게 술에 대한 어느 정도의 안목이 생기는 것과 같은 이치에서 그렇다. 다시 말해 각 과정의 처리 상태에 따라 맛에 어떤 영향을 주는지에 대한, 말로 설명하기 어렵지만 순간적으로 느껴지는 느낌이 있는 것이다. 물론 이런 설명이 너무 막연하게 보이거나 실제로 증명 불가능한 어떤 수준을 임의적으로 가정하는 것은 아닌가 하는 생각을 할 수도 있다. 하지만 우리는 라면이 설익었는지 아주 알맞게 익었는지 그리고 너무 익어 퍼졌는지는 쉽게 알 수 있다. 그저 한 젓가락만 먹어 보면 된다.

술도 마찬가지다. 사실 주위를 살펴보면 공장에서 만들어지는, 별 차이가 없다고 생각할 수 있는 소주조차도 각 메이커별, 브랜드별로 그 맛을 구분하는 사람들을 어렵지 않게 볼 수 있다. 원두의 원산지와 볶은 정도에 따라 커피 맛이 다르다는 것을 느낄 수 있는 능력, 각 지역별·연도별 와인 맛을 구분하는 능력은 당연히 증류주에도 적용될 수 있다.

테킬라를 만드는 일은 용설란을 재배하는 것부터 시작한다. 멕시코에서는 매년 50억 킬로그램 이상의 용설란이 테킬라 제조에 사용되며 10만 에이커 이상의 땅이 푸른 용설란 재배에 사용된다.

일부 유명 제조사들은 직영 농장을 운영하면서 용설란의 경작을 직접 관리하여 제품을 균질하게 유지하려 한다. 하지만 대부분의 제조사들은 다른 농장에서 용설란을 필요에 따라 구입한다. 유명한 농장은 각 제조사에 대한 공급 계약을 미리 체결해 두고 있으며, 재배와 수확 등 거의 모든 과정을 각 제조사가 관리하는 경우도 많다.

용설란을 수확하는 단계를 히마(Jima)라고 하는데, 히마도르(Jimador)라고 부르는 일꾼들이 용설란을 수확한다. 현대 농업기술의 발전에도 불구하고 용설란 수확방식은 100여 년 전부터 지금까지 거의 변하지 않은 것이 특징이다. 거의 모든 도구 및 방식이 그대로 이어지고 있다. 도구들은 수작업으로 만들어지고, 그 도구를 이용한 수확 또한 수작업이다. 현대적인

용설란을 수확하는 히마도르.

공정과 마케팅 전략에 따라 상품을 생산·공급하는 와인 및 위스키와 다른 점이다. 용설란 재배는 아직도 19세기적인 수공업 형태라고 할 수 있다.

뒤에서 다시 설명하겠지만 테킬라는 용설란 중에서 잎이나 꽃, 열매가 아닌 줄기 부분을 이용한다. 따라서 매년 얻을 수 있는 원재료인 과실이나 곡류를 이용하는 와인, 위스키, 맥주와는 달리 단지 한 번만 사용할 수 있는 것이다. 예를 들면 포도는 매년 열리지만, 용설란은 키우는 데 8~12년이 걸린다. 그렇게 키운 용설란은 단지 한 번 쓰면 새로 키워야 한다. 그리고 다시 8~12년을 기다려야 용설란이 성장해 새로운 재료가 된다. 다른 주류의 생산과정에 비하면 덜 효율적이다. 이런 특징 때문에 용설란의 전통적인 경작 방식이 현재까지 이어졌던 것 같다. 이런 특징은 이후의 주조과정에까지 영향을 미친다.

난초나 선인장처럼 용설란 또한 4~5년 정도 자라면 그 뿌리에서 몇 개의 움이 튼다. 그 움들을 뿌리에서 갈라 옮겨 심는 포기나누기에서부터 용설란의 재배가 시작된다고 할 수 있다. 움이 텄다고 바로 포기나누기를 하는 것은 아니다. 1년 정도 자라 어느 정도 용설란의 모양새를 갖추어야 한다. 보통 토양이 건조한 상태인 3~5월에 집중적으로 포기나누기가 이루어진다. 우기에 들어가는 6~10월까지는 용설란의 움이 쉽게 썩을 수 있어 포기나누기에 적합하지 않다.

모체의 뿌리에서 1년 정도 자란 용설란을 잘라 내고 마치 가지치기하듯 이파리를 손질한 다음 뿌리의 밑동을 자른다. 잘린 면이 하얀 빛깔을 띠면 건강한 것이고 색깔이 누렇거나 검은색이면 병이 들었거나 속으로 부패한 것이다. 손질된 건강한 1년생 용설란들을 토양의 상태에 따라 1~3미터 정도 간격으로 심는다.

용설란이 자라는 동안 가장 신경 써야 할 것은 두 가지다. 첫째는 김매기다. 잔디와 잡초는 용설란이 건강하게 자라는 데 치명적이기 때문이다. 둘째는 비료주기다. 특히 질산 성분의 비료를 충분히 주어 병해충을 예방하는 것이 중요하다. 상황에 따라 이파리를 가지치기하듯 정리해 주고 꽃봉오리가 생겼을 때 즉시 제거해 주는 것을 빼면, 용설란의 성장이 끝나는 8년까지 다른 작물에 비해 특별한 관리가 필요하지는 않다. 8년 차가 되면 용설란 자체가 약간 건조하고 딱딱해지며 이때부터 히마도르들은 꼼꼼히 용설란을 관찰해야 한다. 몇 년 사이에 용설란의 품질이 결정되기 때문이다. 언제 수확할 것인지를 결정하는 것은 품질 좋은 테킬라를 만드는 기본이다. 일반적으로 이파리 안쪽이 푸르면서도 약간 누런 빛깔이 돌 때가 용설란을 수확할 적기다. 물론 요새는 히마도르가 직접 판단하기보다

잘린 용설란. 파인애플을 닮았다.

는 테킬라 제조업체나 기타 진문적인 기관이 위탁을 받아 알려주는 경우가 많다.

수확이 결정되면 히마도르는 코아(Coa)라고 하는 둥근 끌처럼 생긴 도구를 이용하여 용설란의 이파리를 밀어내는 방식으로 자르는데, 땅속 30~40센티미터 정도를 파서 뿌리에서 줄기 부분을 잘라낸다. 긴 용설란 잎이 잘려 나간 몸통은 보통 '파인애플', '피냐(Piña)', '머리(Cabeza)'라고 부른다. 왜냐하면 잎이 잘린 용설란은 커다란 파인애플과 닮았고 그 형태가 원형이기 때문이다. 일반적으로 피냐라는 명칭으로 더 많이 부른다. 수확된 용설란은 크고 무거운데 보통 40~80킬로그램이다. 수확된 용설란은 테킬라 제조공장으로 운송된다.

보통 가장 생산량이 많은 과달라하라주의 테킬라시와 과달라하라에서 서쪽으로 30마일 정도 떨어진 아마티틀란(Amatitlán)이란 곳으로 수확된 용설란이 모인다. 테킬라 공장으로 옮긴 후, 크기에 따라 2~4조각으로 자른다. 이 과정은 요즘에는 기계화됐으나 가내수공업 형태로 테킬라를 생산하는 몇몇 제조사에서는 현재까지도 직접 일꾼들의 수작업을 고집하고 있다.

조각난 용설란은 전용 오븐에서 24~34시간 정도 가열된다. 약 60도 정도의 온도에서 하루 혹은 하루 반 정도 가열하고, 하루 정도 자연 냉각시키면 처음에는 거의 하얀 빛깔이었던 용설란이 점점 황금빛으로 변한다. 그 안에 있던 고당도의 수액―꿀(Miel), 꿀물(Agua Miel)이라 불림―이 오븐의 밑바닥에 고일 정도로 흥건하게 스며 오며, 마치 어릴 적에 설탕과자(뽑기)를 만들던 때가 연상되는 달콤한 냄새

운반되고 가열되고 쪼개진 용설란.

가 짙게 퍼져 나온다. 이런 상태의 용설란 조각에서 수액을 짜내는 방법은 각 제조사별로 다르고, 같은 제조사라도 각 공장별로 차이가 있다. 압축식 방법도 있고 분쇄식 방법도 있다. 수작업 방식도 드물게 있으나 고당도의 수액을 얻는다는 것은 방식의 차이에 상관없다. 현재는 오븐의 온도를 높이고 가열 시간을 단축시켜 작업 효율을 높이는 방법과, 압력방식을 이용하는 방식에, 컨베이어 벨트를 이용하여 압축하는 방법 등 다양한 방식이 제조사에 따라 시도되고 있으나 재배와 수확의 경우와 마찬가지로 아직까지는 전통방식을 더 선호하고 있다. 고온방식으로 작업을 하면 용설란 수액이 좀 더 짙은 갈색이 되고

자연 발효된 모습. 끓는 듯 보인다.

전통방식으로 하면 상대적으로 밝은 황금색이 된다고 한다.

이 과정을 통해 얻어진 용설란 수액이 정제과정을 거치고 나면 발효를 위한 준비가 모두 끝난다. 자연 발효를 통해 앞에서 언급한 풀게 형태의 자연 발효주가 되는 것이다. 이 과정에서 테킬라 품질에 중요한 영향을 미치는 결정이 내려진다. 푸른 용설란 수액 100퍼센트를 사용할 것인가, 푸른 용설란 수액과 다른 용설란 수액을 섞을 것인가, 용설란 수액과 설탕 같은 다른 당질물을 섞을 것인가를 결정하는 것이다. 100퍼센트 푸른 용설란 수액으로 만든 테킬라가 되기 위해선 발효과정과 증류과정 모두 푸른 용설란 수액만 사용해야 하며, 100퍼센트 용설란 수액으로 만든 테킬라가 되기 위해서는 용설란 수액만으로 제조돼야 한다. 이 과정은 멕시코 국내법을 통해 우리의 예상보다 더 철저하게 관리된다. 그러므로 테킬라의 품질은 그 최종 상품만을 단순히 멕시코 정부가 보증하는 것이 아니라 모든 생산과정을 법으로 관리하며 보증한다고 할 수 있다.

전통적으로 사용하는 발효탱크는 보통 8천~1만 리터 정도의 크기이다. 물론 7만 5천 리터 이상의 현대식 발효탱크를 이용하는 테킬라 공장도 있다. 하지만 탱크가 커질 경우 전통적인 자연 발효 방식을 사용할 수 없다. 또 효율을 높이기 위해 발효 촉매제를 사용하여 36~72시간 다시 말해 하루 반나절 혹은 사흘 정도에 발효과정을 완료해야 한다. 이런 인공적인 방법은 100퍼센트 용설란 수액으로 발효하지 않는 경우에 많이 사용된다. 하지만 100퍼센트 용설란 수액 혹

박물관에 진열된 전통방식의 증류기.

은 100퍼센트 푸른 용설란 수액으로 테킬라를 만들 경우, 대부분 전통적인 방식을 통해 자연 발효시키고 천연 효모 외에 그 어떠한 화학 첨가물도 넣지 않는다. 전통방식의 발효 기간은 5~10일 정도 걸린다. 전통방식이 현대적 방식에 비해 3~4배 정도 느리다. 물론 요즘에는 대량생산을 위해 전통방식을 고집하기보다는 현대 기술의 도움을 받는 경우가 많다. 용설란 수액이 밝은 갈색으로 변하고 조금씩 부글부글 끓기 시작하면 발효 과정이 거의 끝난 것이다. 즉, 술이 된 것이다. 이때는 약 5도 정도의 도수를 가진다. 이렇게 발효된 술은 모스토(el Mosto)라고 부른다.

발효과정이 모두 끝나면 드디어 마지막 과정이라 할 수 있는 증류과정으로 들어간다. 멕시코 법에 의하면 테킬라가 되기 위

해선 반드시 증류과정을 2번 거쳐야 한다. 증류주의 맛에 가장 많은 영향을 미치는 것이 바로 증류과정이다. 증류기의 모양과 방식에 따라 증류주의 풍미가 달라지기 때문이다. 가열된 알코올이 수증기가 되고 각 제조사의 전통방식에 따라 냉각하면 1차 증류주가 된다. 보통 1차 증류주의 도수는 20~30도 정도이다.

이때 머리와 꼬리라고 부르는, 맨 처음과 맨 나중에 증류된 알코올은 좋지 않은 알코올 성분, 즉 메틸알코올 성분과 기타 알코올 이외의 성분을 포함하고 있으므로 버려야 한다. 각 제조사별로 어느 정도를 머리와 꼬리로 보느냐에 따라, 그 결과물인 테킬라의 맛이 달라진다. 숙취의 정도 또한 같은 테킬라라 해도 제조방식에 따라 달라진다. 2차 증류는 어떤 테킬라를 만들 것이냐에 따라 달라지며 마찬가지로 각 제조사별로 차이가 있다.

고급 브랜드의 테킬라인지, 저가의 테킬라인지에 따라 증류방식은 달라진다. 고급 브랜드의 경우 섬세하게 증류하여 40도 정도로 도수를 맞춘다. 중저가 브랜드의 경우 55도 이상의 높은 도수로 증류하고, 소주와 마찬가지로 물로 희석하여 도수를 맞춘다. 알코올의 도수로만 보면 섬세하게 증류하는 방식과 희석식은 별 차이가 없다. 그러나 테킬라의 향에서는 차이가 난다. 섬세하게 증류하면 할수록 맵싸한 용설란 향이 더 짙게 느껴진다.

여기까지가 테킬라 블랑코를 만드는 과정이다. 레포사도, 아녜호 테킬라를 만들기 위해선 이후에 숙성과정을 거쳐야 한다. 테킬라 블랑코의 경우 증류를 마치고 바로 병에 담겨 상품화된다. 미국 등에 수출할 때는 커다란 탱크를 이용해 수송한 후 현지에서 병에 담아 상품화하기도 한다. 멕시코 외의 국가에서 상품화되는 경우에도 제품의 생산은 멕시코에서 이루어지는 것이 특징이다. 다만 제품의 맛, 향, 색 등을 조절하기 위해 첨가물을 넣는 경우도 있다.

숙성법은 다양하다. 보통 참나무통이 사용되는데, 용도에 따라 다른 크기의 나무통이 사용된다. 나무통 안에서 자연스럽게 색깔이 배어들고 향도 스며든다. 화학적 반응으로 인해 맛이 더 부드러워지고 더 순해진 것처럼 느껴지나 사실 알코올의 도수에는 차이가 없다. 결과적으로 덜 자극적이면서도 향은 더 진해진다. 향이 더 진하다는 것은 첫맛이 진하다는 것이 아니라 마신 후에 입에 남아 맴도는 향이 시간적으로 더 길게 느껴진다는 것이다.

테킬라 레포사도의 경우 전통적으로 약 3만 리터 정도 되는 대형 나무통에서 숙성시키는 경우가 많다. 이때 빠른 시간 안에 좋은 색깔을 내기 위해 붉은색 계통의 나무로 만든 나무통에서 숙성시킨다. 물론 제조사와 브랜드에 따라 약 200리터 정도의 조그만 참나무통에서 숙성시키기도 한다. 이런 숙성 방식의 차이는 발효 및 증류방식의 차이와 마찬가지로 가격에 반영된다. 고급 방식으로 만들어질수록 가격은 올라간다.

테킬라 아녜호의 경우 전통적으로 버번을 숙성시킬 때 사용하는 나무통을 사용한다. 실제로 테킬라 아녜호의 향을 버번의 향과 비슷하게 느끼는 사람들이 있다. 이들은 나무통의 재질에서 배어 나온 향을 인지하는 굉장히 뛰어난 후각을 가진 사람들이다. 1년 이상 숙성되는 테킬라 아녜호의 경우 새로 만들어진 나무통을 사용할 것인가 혹은 몇 번 사용한 나무통을 사용할 것인가에 따라 그 맛과 향과 색이 달라진다. 갓 만들어진 나무통에서 숙성시키면 색이 더 진해지고 상대적으로 타닌을 더 많이 포함해 혀끝에 더 강한 맛을 남긴다. 그리고 숙취는 덜하다. 몇 번 사용한 나무통에서 숙성시킬 경우 이와는 반대로 상대적으로 옅은 색깔을 띠며 더 적은 양의 타닌을 포함하여 부드럽고 순한 맛이 나지만, 상대적으로 숙취감을 더 느낄 수 있다. 숙성과정에서 여러 번 사용된 참나무통은 색과 향을 내는 성분이 이미 많이 빠져나간 상태이기 때문에 이런 차이가 있는 것이다.

가장 고가로 팔리는 테킬라 아녜호의 경우 브랜드별 유명세도 다르고 그 값도 차이가 심한 편이다. 물론 맛과 향과 색도 다르다. 이것은 여러 조건을 통제하여 추구하는 브랜드별 최고의 맛이 서로 다르기 때문이며 또한 브랜드별로 자신들만의 독특한 방식을 고집하고 있기 때문이기도 하다. 어떤 테킬라는 그 부드러움으로는 유명한 모 위스키 XO급과 견줄 만하고 또 어떤 테킬라는 그 진한 황금 빛깔의 색과 향으로는 유명한 모 코냑에 못지않다. 물론 사람에 따라 판단 기준은 다르겠지만, 테킬라 아녜호가 그 숙성기간에 비해 상대적으로 만족할 만한 품질을 보여 준다는 사실은 부정하기 어려울 것이다.

세밀하게 제품을 관리하는 제조사의 경우 다양한 향과 맛과 색으로 숙성된 테킬라의 균질한 품질을 위해 서로 다른 방식으로 숙성된 결과물을 섞음(블렌딩)으로써 그 균형을 맞춘다. 이렇게 해서 적당한 색과 향, 타닌의 함량과 안정적인 부드러움 사이의 균형을 맞추는 것이다.

여기까지 테킬라가 만들어지는 과정을 설명했다. 한 가지 확실한 것은 테킬라가 품질 면에서는 코냑, 위스키, 브랜디 등 고가의 증류주와 비교할 만한 것은 사실이지만 소비되는 방식은 멕시코나 미국을 비롯한 다른 나라에서도 소주와 비슷하다. 부담 없는 서민들의 술이라는 것이다. 어쩌면 병에 담긴 테킬라를 다른 고가의 증류주처럼 오랜 기간 보관하며 간간이 즐기는 것은 별로 어울리지 않을지도 모른다. 한번 뚜껑을 딴 소주를 남기지 않듯, 한번 개봉한 테킬라는 전부 마시는 것이 좋다. 테킬라는 그런 술이다. 여러 설명으로 약간 복잡하게 느껴지겠지만, 테킬라의 다양함은 한번 마음을 먹으면 그리 길지 않은 시간 안에 어느 정도 즐길 수 있다.

테킬라, 어떻게 즐길까?

　술을 즐기는 방법은 개인의 취향에 따라 다양하다. 다만 주
도를 지키는 선이라면 어떤 방법이라도 용인될 수 있다. 테킬라
를 마시는 특별하고 독특한 방법이 있으며 그것을 반드시 지켜
야 한다고 말하는 것은 무지의 소치다. 실제 멕시코에서도 우
리에게 알려진 방법으로 테킬라를 즐기는 경우는 그리 많지 않
다. 그럼에도 테킬라의 유명세 혹은 테킬라의 파격적인 이미지
는 그 마시는 법에서 유래했다 해도 과언이 아니기에 몇 가지
를 소개해 본다.

　테킬라를 마시는 방법은 레몬 혹은 라임과 소금을 함께 먹
는 것을 기본으로 여러 가지 방식이 있다. 멕시코의 레몬은 상
대적으로 크기가 작으며 우리가 알고 있는 레몬과 라임의 중간

형태이므로, 멕시코가 아닌 곳에서 테킬라를 즐길 경우 취향에 따라 레몬 혹은 라임을 선택한다.

작고 짙은 색이 멕시코의 레몬이다.

특별한 경우 용설란에 기생하는 벌레의 유충에서 추출한 염분을 테킬라와 곁들이는 것을 최고라고 말하기도 하지만 실제 경험하기는 어렵다. 천일염에 비해 상대적으로 덜 자극적이고 뒷맛이 깔끔하며 약간의 단맛도 도는 돌소금을 테킬라를 마실 때 곁들이는 것이 일반 소금을 사용하는 경우에 비해 조금 더 고급한 방법이다. 물론 그렇다고 해서 일반 소금을 사용하는 방법이 테킬라의 맛을 해치는 것은 아니다.

개인의 취향에 따라 레몬즙을 입에 머금고 굵은 소금을 털어 넣어 천천히 녹이는 것을 선호하는 사람도 있다. 소금을 먼저 먹을지 아니면 레몬즙을 먹을지도 개인의 취향에 따라 결정하면 된다.

테킬라는 원샷을 기본으로 한다. 일반적인 스트레이트 잔에 테킬라를 채우고 입에 털어 넣듯 마시고 레몬즙과 소금으로 입안을 행구어 내는 것이 멕시코에서 가장 대중적인 방법이다.

슬래머

세계적으로 많이 알려진 방법이 슬래머(Slammer)이다. 일반적으로 알려진 스트레이트 잔[13)에 테킬라를 반 정도 채우고 탄산이 들어간 자몽 음료나 소다수로 잔을 채운다. 그리고 냅킨이나 종이로 된 잔 받침으로 잔을 덮은 후 손바닥으로 움켜쥐듯 잔을 쥐고 리드미컬하게 바닥에 내려치면 탄산이 잔 바닥으로 쏠린 후 희뿌연 안개나 바닷가 파도의 물보라처럼 잔 위로 휘돌아 올라온다. 이 탄산이 모두 빠져나가기 전에 입에 털어 넣듯 마시는 것이 바로 슬래머이다. 마시는 순간 탄산이 입안에서 터지며 상당한 청량감과 함께 부드럽게 넘어간다.

스트레이트 잔이 생각보다 약하기 때문에 너무 강하게 내리칠 경우 손안에서 잔이 산산조각이 날 가능성이 높다는 점을 주의해야 한다. 보통 잔을 내리치고 그저 원샷으로 마시는 것이라 생각하기 쉬운데 사실 파도의 물보라처럼 올라오는 탄산을

보통 좀 더 튼튼한 잔을 사용한다.

바라보다 수면 위로 올라와 터지기 직전에 재빠르게 마시는 것이 슬래머의 포인트이다. 멕시코에서 여러 사람이 함께 구호를 외치며 동시에 마시는 모습은 우리나라의 회식 장면과 큰 차이가 느껴지지

않는다. '기차'라고 부르는 방법도 있는데 우리나라와 흡사하게 생일 같은 날 잔을 길게 세워놓고 차례로 슬래머를 하며 마시기도 한다. 술에 취하면 취할수록 힘을 제어하기 어렵고, 연속으로 내리치다 보면 산이 깨져 손을 다칠 위험도 있기 때문에 이 방법으로 마실 때는 잔을 내리치지 않고 마시기도 한다. 요즘은 온더록 잔에 즐기기도 한다. 온더록 혹은 올드 패션드 잔을 사용하면 우리나라에서 즐겨 마시는 폭탄주와 별 차이가 없게 느껴지기도 한다.

슈터

우리나라에 가장 많이 알려진 방법이다. 손등, 팔목 등에 레몬즙과 소금을 조금 묻히고 그것을 혀로 핥아 입안에 레몬과 소금의 맛이 퍼질 때 바로 스트레이트 잔의 테킬라를 원샷 한다. 그러고 나서 바로 레몬이나 라임 조각을 입으로 빨아 테킬라의 잔향을 상쇄하는 것이다. 슈터(Shooter) 방식으로 마실 경우 자극적인 소금과 레몬의 맛으로 입을 먼저 길들여 자극성 있는 테킬라가 들어왔을 때 상대적으로 덜 자극적으로 느껴지며, 원샷을 하고 난 후에도 바로 레몬즙을 빨아 먹음으로 해서 조금 더 부드럽게 마실 수 있다. 소금과 레몬즙은 테킬라의 자극을 완화시켜 주면서도 테킬라의 향을 해치는 것은 아니어서 생각보다 훌륭한 밸런스를 만들어 낸다. 테킬라와 레몬과 소금을 먹어 본 사람들은 대개 동의하는데, 생각보다 맛도 있고 덜 자극적이며 게다가 안주의 필요성도 그다지 느끼지 않는다. 특히 레몬의 향 때문에 테킬라를 생각보다 상큼한 술로 느끼게 되기 쉽다. 슈터의 포인트는 바로 테킬라의 자극성을 줄이는 것이다. 주의할 것은 자신의 손등이나 손목이라도 너무 게걸스럽게 핥거나 빨면 좀 추접해 보일 수 있다는 것이다.

레몬이나 라임 그리고 소금과 테킬라라는 조합은 그저 맛과 향만을 고려한 것이 아니다. 테킬라가 사랑받기 시작한 곳은 할리스코 지역이 아니라 멕시코 북부의 사막 지역이다. 물론 사막 지역에서만 테킬라가 사랑받았다고는 말할 수 없으나 미국의 카우보이와 비슷한 멕시코의 카우보이 차로(el Charro)들에게 유난히 사랑받았던 것이 바로 테킬라이다. 사막의 강렬한 태양 탓에 염분이 부족해지기 쉽고 비타민과 미네랄 또한 상대적으로 더 많이 필요하다. 다시 말해 슈터는 사막 생활에서 모자라기 쉬운 염분과 비타민을 보충하는 동시에 테킬라로 한낮의 피곤을 날리고 한잠 편하게 잘 수 있는 방법이었다. 일종의 원기 회복제였다고 할까? 사실 하루 종일 사막을 달려왔다면 먼지만이 아니라 본인이 흘린 땀으로 자신의 몸도 짭짤하게 소금으로 절여진 것과 같았겠지만 말이다.

보디샷

이름에서 느껴지듯이 무언가 섹시함이 느껴지는 방법이다. 테킬라에 대한 선입견은 바로 보디샷(Body Shot)에 의해 만들어졌다 해도 과언이 아니다. 테킬라가 정열의 술이며 에로틱한 술이란 선입견은 바로 이 방법 때문이다. 보디샷은 기본적으로 슈터와 방식이 같다. 다른 점이 있다면 자신의 몸이 아니라 상대방의 몸에 레몬즙과 소금을 뿌리고 핥아 먹고 원샷을 한 후 상대방이 입에 물고 있는 레몬이나 라임 조각을 빨아 먹는다는 것이다. 상당히 에로틱하며 음주와 연인 사이의 애무가 섞인 것 같은 방법이다.

레몬즙을 상대방 신체 중 어느 곳에 뿌릴 것인가에 따라 이 방법은 영화 〈나인 하프 위크〉에서 본 듯한 분위기를 연출할 수도 있다. 서로 사랑하는 연인이나 부부 사이라면 이 방법은 색다른 경험을 선사할 수도 있을 것이다. 이 방법이 많이 알려진 탓에 테킬라는 언제나 이렇게 마셔야 한다며 상대방을 유혹하는 방법으로 사용될 수도 있다. 마음이 통한 남녀가 자신들의 마음을 확인하기 위해 이 방법을 사용하기도 한다. 물론 술맛을 음미하는 사람들에게 이 방법이 추접하게 보이는 것도 사실이다. 보디샷을 통해 테킬라는 가장 정열적이면서 에로틱한 술로 많은 이들에게 인식됐으나 좋은 술이라는 이미지에서는 약간 멀어진 것도 사실이다. 하지만 실제로 클럽이나 바에서 이 방법으로 술을 마시는 사람을 여태껏 본 적이 없다. 멕시코에서는 이런 방법이 있다는 것을 잘 알지 못하는 사람들도 많다.

그래도 보디샷을 그저 에로틱한 농담 정도로 볼 수 없는 이유가 있다. 사랑하는 남녀가 이 방법으로 술을 마셨을 때 테킬라는 그전까지 알던 그 술이 아니며 술을 마신다는 행위 또한 전혀 다른 차원으로 넘어가기 때문이다. 오감을 하나로 만들면서 다시 두 갈래 세 갈래로 갈라지는 전혀 새로운 세계를 만날 수 있다. 물론 이런 방법으로 연인끼리 술을 즐길 때 테킬라만 사용돼야 하는 것은 아니다. 다른 술도 충분히 가능하다. 일반 클럽이나 바에서 행해진다면 외설적이라는 느낌을 충분히 받을 만하지만, 연인이 둘만의 공간에서 보디샷을 즐긴다면 또다른 음주문화가 시작될 수도 있을 것이다.

맥주와 함께하는 테킬라

우리나라 주당들이 종종 하는 말이 있다. 바로 '소주를 마시고 맥주로 안주한다.'는 말이다. 사실 맥주는 전 세계적으로 사랑을 많이 받지만 칵테일에는 거의 사용되지 않는다. 다른 술과 그다지 잘 어울리지 않는 술이기 때문이다. 물론 우리나라에서는 다양한 폭탄주의 재료로 맥주가 쓰이므로 평가가 다를 수는 있다. 테킬라를 마시는 방법 가운데도 맥주를 곁들이는 방법이 있다. 슈터의 방식으로 레몬과 소금과 함께 테킬라를 마시면서 맥주를 입가심으로 한두 모금씩 마시는 방법이 대표적이다. 아무나 이렇게 마시는 것은 아니다. 멕시코에서도 술깨나 마신다고 어깨에 힘 좀 주는 아저씨들이 주로 마시는 방법이다.

테킬라에는 세계적으로 가장 많이 알려진 멕시코 대표 맥주 코로나가 가장 잘 어울린다 할 수 있다. 코로나는 탄산이 아주 많이 충전된 맥주 중 하나로 꼽힌다. 코로나를 반 정도 마신 후에 슬래머 방식으로 맥주병을 바닥에 내리치면 순간적으로 거품이 병을 타고 올라 넘칠 정도로 탄산이 많이 충전돼 있다. 탄산은 많으나 알싸한 자극을 주는 것이 아니라 부수한 기포가 부드러운 거품을 만들며 상쾌하면서도 부드러운 목넘김을 선사하는 것이 바로 코로나의 특징이다. 이런 특징은 슬래머의 경우처럼 코로나의 탄산으로 입가심을 할 수 있게 해 준다. 진짜 맥주로 입가심, 아니 안주를 하며 테킬라를 마시는 것이다. 대표적인 테킬라 베이스 칵테일 마르가리타를 흉내 낸 비어리타(Beerita)처럼 맥주와 테킬라가 함께하는 칵테일이 없는 것은 아니다. 하지만 맥주와 테킬라는 따로 마시는 경우가 많다.

특이한 경우지만 우리나라의 폭탄주와 흡사한 방법도 있다. 포그(Fog)라는 방법이다. 먼저 코로나 맥주를 한 모금 정도 마신 후에 스트레이트 잔 한 잔 정도의 테킬라를 병에 따르고 레몬즙을 병에 짜 넣는다. 그러면 안개와 같이 탄산들이 일어나는데, 병에서 안개가 이는 것과 동시에 병 밖으로 거품이 넘쳐 흐른다. 그래서 안개가 일기 시작하면 바로 병을 들고 반 정도를 마시는 것이 일반적이다. 한 번에 다 마셔도 별 문제는 없다. 다만 안개가 인 맥주는 입에 넘어오는 순간 무수한 거품으로 나누어져, 서둘러 마시게 되면 거품이 코로 들어가거나 기도로 넘어가는 등의 낭패를 겪을 수 있다. 천천히 마셔야 부드러운 거품 속에서 테킬라와 어우러진 코로나의 맛을 제대로 음미할 수 있다.

멕시코의 현대적인 휴양지인 칸쿤은 카리브해의 멋진 해변만큼이나 칸쿤 스타일 클럽으로도 유명하다. 스프링클러 같은 장치가 천장에서 테킬라를 뿌리기도 하고, 비키니를 입은 바텐더들이 테킬라 병을 가지고 다니면서 사람들의 입에 직접 테킬라를 부어 주고 마신 사람의 머리를 품에 품고 이러 저리 흔들어 주기도 한다. 물론 이런 방법은 광란의 밤을 즐기기 위한 양념과 같은 것으로 테킬라를 마시는 방법이라 부르기는 좀 힘들 것이다.

앞에서 소개한 테킬라를 마시는 여러 방법들은 보디샷의 경우를 제외하면 그 맛과 향을 극대화하고 테킬라의 자극은 줄이는 효율성에 초점을 두었다 할 수 있다.

그 어떤 테킬라도 앞에 기술한 방법으로 마실 수 있다. 어떤 브랜드, 어떤 종류의 테킬라를 반드시 어떤 방법으로 마셔야 한다는 법칙은 없다. 자신에게 가장 잘 맞는 방법을 찾아 편하게 즐기면 된다. 한편 어떤 방법으로 마신다 해도 테킬라의 강렬함이 부담된다는 사람들을 위한 것이 있다. 그것은 바로 칵테일이다.

테킬라를 이용한 칵테일

칵테일을 마시는 이유는 다양하겠지만 한 가지 분명한 것은 30도 내외의 술이 칵테일을 통해 10도 내외의 자연 발효주와 비슷한 도수의 술이 된다는 사실이다. 강렬하고 자극적인 알코올의 맛과 향을 다양한 재료들의 조합으로 상쇄하면서도 원재료들의 맛과 향을 살려 부담 없이 즐기려는 것이 칵테일을 마시는 가장 큰 이유일 것이다. 앞에서 밝힌 것과 마찬가지로 2차 세계대전 즈음에서 테킬라는 마초들의 술, 남성들의 술이라는 이미지가 지배적이었다. 하지만 깔끔하고 상큼한 라임 주스와 함께 즐기는

대표적인 칵테일 마르가리타.

마르가리타의 등장으로 테킬라는 새로운 이미지를 가졌다. 여성들이 좋아할 만한 칵테일 마르가리타는 테킬라에 남성적인 성격만이 아닌 여성적인 성격도 갖게 해 주었다. 약간 달짝지근한 칵테일이 입맛에 안 맞는 사람들에게 진한 라임 향의 깔끔한 마르가리타는 큰 환영을 받았다. 심지어 전체 테킬라의 매출에 영향을 미칠 정도로 미국에서는 크게 유행했다.

테킬라를 사용하는 칵테일은 대개 라임, 레몬, 오렌지, 파인애플 주스에 약간의 소다수 혹은 사이다나 콜라를 사용하고 가끔 코코넛 크림으로 장식하기도 한다. 단맛을 내기 위해 설탕이 사용되는 경우도 있으나 그렇게 많지는 않다. 대개가 천연 주스를 사용하는, 전체적으로 새콤한 느낌의 칵테일이라 할 수 있다. 마르가리타만큼 우리에게 잘 알려진 테킬라 선라이즈 또한 오렌지 주스와 테킬라가 주재료이며 파인애플로 잔을 장식

프레스카.

하기도 한다.

가장 멕시코적인 느낌이 나는 테킬라 칵테일은 프레스카(Fresca)와 멕시칸 칵테일이다. 프레스카는 프레쉬(fresh) 혹은 쿨(cool)의 의미로 깔끔하고 청량한 느낌의 칵테일이다. 테킬라와 자몽 탄산음료 그리고 라임 주스 혹은 중남미 레몬즙과 소금이 주재료이다. 사실 멕시코에서는 칵테일이라기보다 자주 마시는 음료 스타일이라 할 수 있다. 얼음과 함께 차갑게 마시는 것이 보통이다. 한낮의 뜨거운 태양 아래서 부족해지기 쉬운 비타민과 염분을 보충하고 약간의 알코올로 하루의 피로를 풀 수 있는, 멕시코의 환경에 맞춰진 칵테일이라 할 수 있다. 멕시칸 칵테일은 테킬라와 샴페인 그리고 라임 주스가 주재료이며 취향에 따라 설탕을 곁들이기도 한다. 보드카나 진이 들어가는 기존의 샴페인 베이스 칵테일에 다른 술이 빠지고 테킬라가 들어간 것이다. 포도향이 많이 나는 샴페인과 테킬라는 예상 외로 훌륭한 조화를 이룬다.

개인적으로 추천하는 테킬라 베이스 칵테일은 멕시칸 페인 킬러(Mexican Pain Killer)이다. '멕시코 진통제'라는 뜻으로 테킬라와 럼 그리고 보드카를 섞고 여기에 파인애플 주스와 오렌지 주스 그리고 코코넛 크림으로 장식한 칵테일이다. 테킬라는 레포사도나 아네호를 사용하고 화이트 럼을 사용하여 테킬라의 향을 즐길 수 있게 하는 것이 좋다. 그리고 오렌지 주스보다 파인애플 주스가 더 많이 사용돼야 한다. 이름에서 느낄 수 있듯 서너 잔에 얼큰한 취기를 느낄 수 있다. 피곤한 하루를 보내고 숙면을 취하고 싶을 때 마시면 좋다. 재료의 설명을 들으면 우리나라의 폭탄주가 연상되지만 코코넛 크림으로 인해 부드럽게 넘어가고 테킬라의 향과 파인애플의 향이 서로 섞이며 깔끔하고 새콤한 뒷맛을 남기는 것이 특징이다. 그리고 기분 좋은 숙면으로 하루의 피로를 말끔히 해결할 수도 있다.

맥주를 마시면 더부룩하고 트림도 많이 나와 싫고, 그렇다고 30도가 넘는 증류주를 즐기기엔 조금 버거운 사람들이 칵테일을 즐기는 경우가 많다. 그중에서 칵테일은 너무 달아 부담스럽다는 사람들에게 테킬라 베이스 칵테일을 권한다. 보통 깔끔하고 새콤하기 때문이다.

멕시코 테킬라 투어

여행을 할 때 여행사의 관광 상품을 구입하거나, 배낭 하나
에 가이드북 하나만 들고 여행할 수도 있다. 같은 장소라고 해
도 어떤 방식으로 여행하느냐에 따라 그 느낌은 사뭇 다르다.
이국적인 정취를 즐기고 단순하게 일상의 스트레스를 해소하고
삶의 에너지를 재충전하는 여행도 분명히 의미가 있다. 하지만
색다른 여행의 즐거움을 경험하고 싶다면 하나의 테마를 정해
여행하는 것도 분명히 의미가 있을 것이다. 음식을 테마로 한다
면, 마치 셀프 다큐멘터리를 제작하는 것처럼 조금 더 작은 초
점을 잡아─예를 들어 매운 음식을 찾아 떠나는 여행처럼─떠
나는 것도 일반적인 여행에서 느낄 수 없는 재미를 줄 것이다.
　멕시코를 여행하는 방법도 마찬가지다. 아름다운 해변이 돋

보이는 여러 관광명소나 고고학적 가치가 높은 피라미드 유적을 돌아볼 수도 있겠으나, 멕시코를 대표하는 하나의 상징이라 할 수 있는 테킬라를 테마로 여행하는 것 또한 굉장히 매력적이고 추천할 만하다.

멕시코 제2의 도시 과달라하라는 문화적으로 보면 가장 멕시코적인 도시라고 할 수 있다. 과일에도 고춧가루를 넣어 먹는, 매운맛의 도시이다. 우리가 일반적으로 마리아치 음악이라 부르는 란체로(Ranchero, la Música Ranchera) 음악[14]의 고향이기도 하다. 멕시코 여행에서 현대적인 대도시라고 할 수 있는 멕시코시티를 구경하는 것도 빼놓을 수 없겠지만 과달라하라를 여행하지 않고는 멕시코를 여행했다고 말하기 어려울 정도로, 과달라하라는 멕시코 관광에서 빠져서는 안 될 곳이다. 거리 곳곳에서 멕시코적인 정취를 느낄 수 있는 곳인 데다가 바로 테킬라의 고향 혹은 고향에서 가장 가까운 대도시가 아닌가! 이 과달라하라에서 떠나는 테킬라 투어에서는 앞에서 언급한 테킬라 제조과정 거의 전부를 볼 수 있다. 또한 갓 증류돼 마치 따뜻한 정종을 마시는 듯한 기분을 느낄 수 있는 따뜻한 테킬라를 시음할 수 있는 기회도 얻을 수 있다.

2006년 유네스코는 용설란 재배 농장과 전통방식으로 주조되는 테킬라 공장 모두를 유네스코 세계문화유산으로 등록했다. 멕시코의 테킬라 투어와 비교할 수 있는 것이 바로 프랑스 보르도 지역의 포도주 투어이다. 여기서 한 가지 짚고 넘어가야 할 것이 있는데, 바로 보르도 지역보다 1년 정도 먼저 테킬

세계문화유산으로 지정된 농장.

라 생산 지역과 용설란 재배 지역이 세계문화유산으로 등록됐다는 것이다. 보르도 지역의 포도밭과 포도주 제조 시설은 2007년 유네스코에 의해 세계문화유산으로 선정됐다. 사실 1년 정도의 시간 차이는 그리 중요하지 않다. 하지만 테킬라의 생산과정이나 방식 그리고 프랑스의 포도밭 규모와는 비교도 안 될 정도의 대규모 용설란 농장, 다시 말해 테킬라의 모든 것이 세계문화유산으로 인정을 받았다는 것이 중요하다.

테킬라 투어는 테킬라시를 중심으로 널리 퍼진 용설란 농장을 돌아보는 것에서부터 시작한다. 어른의 허리 이상 올라오는, 척박한 땅에서 기운차게 올라온 단단함 그리고 태양 및 건조한 대지와 조화를 이루면서도 묘한 대조를 이루는 회녹색의 풍경은 그 색깔만으로 어떤 강한 생명력을 느끼게 한다. 그것은 황무지에서 자라는 잡초에서 느껴지는 생명력과도 차원이 다른 생명력인데, 그저 느낌만으로 치부할 수 있는 성질의 것이 아니다.

앞에서 말한 것처럼 용설란의 가장 안쪽에는 어른 머리보다 더 큰 알맹이 줄기에 꿀과 흡사한 수액이 저장되어 있다. 테킬라 투어를 통해 갓 만든 신선한 용설란 수액을 구입할 수도 있다. 농장에서는 전통 복장을 입은 히마도르가 용설란을 수확하여 이파리를 쳐 내고 파인애플 모양으로 만드는 과정을 볼 수 있다. 이후의 테킬라 제조과정은 어떤 곳을 견학하느냐에 따라 조금씩 다르다. 과달라하라의 테킬라시 주변에 대형 제조사들이 저마다의 공장을 보유하고 있고 같은 제조사라도 제조공장에 따라 약간씩 차이가 있기 때문에 말만 같은 테킬라 투어지 사실 그 안에도 다양성이 존재한다. 자신이 알고 있거나 선호하는 테킬라 브랜드가 있다면 그 회사의 공장으로 투어를 가는 것이 제일 좋을 것이다.

테킬라 투어를 떠나는 방법도 여러 가지다. 과달라하라의 대부분의 호텔에는 저마다 계약이 돼 있는 테킬라 투어가 있다. 대개의 프로그램에는 버스를 타고 테킬라시로 이동하여 농장과 제조공장을 견학하는 코스로 저녁식사가 포함돼 있다. 물론 저녁식사에는 테킬라와 마리아치 음악이 곁들여진다.

더 추천할 만한 투어는 과달라하라에서 기차를 타고 즐기는 테킬라 투어다. 기차에서부터 마리아치 음악이 함께하며 농장과 제조공장을 돌아보는 코스인데, 버스로 돌아보는 코스에 비해 조금 더 운치 있다. 점심식사와 약간의 스낵과 마리아치 공연에 갓 만들어진 테킬라도 원하는 만큼 즐길 수 있다. 과달라하라시의 관광안내소와 믹스업(Mix-up)이라는 멕시코의 대형 CD몰에서 기차로 떠나는 테킬라 투어의 표를 구입할 수 있다. 테킬라시에만 테킬라 투어가 집중된 것은 아니다.

기차로 이동 중에 연주하는 마리아치.

테킬라시 근처의 아마티탄(Amatitán)이란 곳에는 멕시코에서 가장 고급스런 테킬라를 만드는 회사인 에라두라(Herradura)의 제조공장이 있다. 고풍스러운 아마티탄에서 가장 전통적인 방식으로 만들어지는 테킬라를 볼 수 있으며 1800년대 멕시코의 정경도 느낄 수가 있다. 보통 기차로 떠나는 테킬라 투어에서 아마티탄과 테킬라시 두 곳을 모두 돌아볼 수 있다. 버스로 떠나는 테킬라 투어에서는 상대적으로 더 적은 지역을 돌아보지만 세계적으로 가장 많이 알려진 호세 쿠에르보의 제조공장을 견학할 수 있다. 버스나 기차를 통한 투어 모두 테킬라의 과거와 현재 그리고 미래를 볼 수 있으나 상대적으로 기차를 통한 투어는 과거와 전통의 비중이 높고 버스를 통한 투어는 현재와 미래에 대한 비중이 높다고 할 수 있다.

테킬라 투어에서는 버스나 기차의 경우 모두 마리아치 공연이 포함돼 있다. 사실 동서고금을 막론하고 음주에는 가무가 함께하기 마련이다. 멕시코 전통음악의 역사에 대한 해설과 함께 테킬라를 한잔 마시며 듣는, 10여 명의 마리아치들의 정열적이고 낭만적인 볼레로 연주는 상당한 매력을 풍긴다. 생각보다 익숙한 멜로디들이 약간 낯설게 연주되며 밤하늘에 울려 퍼지는 가운데 얼큰한 취기를 느끼며 반짝이는 별들을 바라보면, 경치 좋은 곳에 정자를 짓고 음주가무를 즐기던 조상들의 풍류가 멕시코에서 약간 다른 방식으로 재현되는 것을 느낄 수 있을 것이다. 이런 매력 때문에 세계적인 술 애호가로 꼽히는

테킬라 박물관에서 연주하는 마리아치.

우리 민족에게 가장 추천할 만한 멕시코 여행이 아마도 테킬라 투어가 아닐까.

대표적인 테킬라 브랜드

테킬라 브랜드와 제조사는 무척 다양하다. 대략 50여 개의 제조사들이 테킬라를 생산하고 있으나 테킬라의 최대 수출 시장인 미국에조차 알려지지 않은 제조사들도 많다. 많은 제조사들이 타 제조사의 브랜드와 계약을 맺고 병에 담기지 않은 벌크 형태로 테킬라를 공급하는 경우도 있고, 수출이 아니라 내수만을 위해 제조하는 경우도 많다. 새로운 브랜드도 꾸준히 시장에 등장하고 있기 때문이다.

우리나라는 브랜드보다 제조사가 더 유명하다. 예를 들어 '진로'라는 제조사가 '참이슬'보다 더 영향력이 있다. 요즘 들어 한 제조사에서 두 개 이상의 브랜드를 보유하기도 하지만 여전히 일대일 대응인 상황이다. 하지만 테킬라의 경우 제조사보다 브랜드가 더 유명하며, 제조 하청을 주는 경우도 있어 동일 브랜드의 테킬라를 둘 이상의 제조사가 만드는 경우도 있다. 각 지방마다 정해진 회사가 있는 소주에 비해 멕시코의 테킬라는 상당히 복잡한 양상을 보인다. 프리미엄 테킬라에서 저가의 보급형까지 숙성의 정도 그리고 브랜드에 따라 생각보다 복잡하게 분포돼 있다.

이제 소개할 테킬라 제조사는 4곳이다. 대중적으로 가장 많이 알려진 2곳과 프리미엄급 테킬라로 명성이 있는 2곳을 소개하려 한다. 맛집을 찾는 가장 기본적인 방법은 바로 사람들이 많이 찾는 곳을 가는 것이다. 다시 말해 세계적으로 유명한 브랜드는 그만큼 각 개인들의 입맛에 맞을 가능성이 높다는 것이다. 물론 개개인의 취향은 다를 수가 있지만 말이다.

이건 좀 다른 이야기지만 해외에 나가 테킬라를 사서 선물해야 한다면 개인적으로 병이 예쁜 테킬라를 사라고 충고하고 싶다. '100% Agave'라고 써 있다면 품질에는 큰 차이가 없기 때문이다.

호세 쿠에르보

맨 처음 언급해야 하는 브랜드는 당연히 호세 쿠에르보(Jose Cuervo)이다. 아마도 전 세계적으로 가장 잘 알려지고 가장 많이 수출하는 테킬라 제조사일 것이다. 미국 테킬라 시장의 50퍼센트 이상을 점유하고 있는데, 경쟁사인 사우사의 3배 정도의 점유율일 정도로 수출 시장에서 호세 쿠에르보의 비중은 절대적이다. 1995년 200주년 기념행사를 했는데, 2010년 현재 215년이 된 전통 있는 제조사이다. 어떤 이들은 호세 쿠에르보의 역사가 바로 테킬라의 역사라고 말하기도 한다.

호세 쿠에르보의 역사는 멕시코가 스페인으로부터 독립하기 이전부터 시작됐다. 1758년 돈 호세 안토니오데 쿠에르보(Don Jose Antonio de Cuervo)가 스페인의 왕 카를로스에게 현재 테킬라시 주변의 땅을 하사받았다. 하사받은 땅은 푸른 용설란이 가득한 농장이었고 그래서 자연스럽게 푸른 용설란을 재료로 하여 증류주를 만들기 시작했다. 1998년이 아닌 1995년이 200주년이 된 이유는 1795년에 멕시코 정부로부터 공식적으로 테킬라(당시에는 메스칼) 생산에 대한 허가를 받고, 테킬라시 근교에 증류소를 만들었기 때문이다. 20세기 초반까지 다양한 이름으로 테킬라를 생산하다 근대적인 방식을 도입하면서 현재의 브랜드 명칭인 '호세 쿠에르보'로 정착됐다. 그 명성은 멕시코뿐 아니라 미국 등의 해외까지 퍼졌다.

현재도 테킬라시 근교에 증류소를 운영하면서 일주일에 70만 리터 이상의 테킬라를 생산하고 있다. 1967년부터 미국으로 수출되고 있으며 거의 대부분의 미주대륙의 대형 슈퍼에서 어렵지 않게 구매할 수 있다. 우리나라에서도 호세 쿠에르보 테킬라는 어렵지 않게 즐길 수 있다.

호세 쿠에르보의 대표적인 브랜드 상품은 7개 정도로 헤아릴 수 있다. 호세 쿠에르보는 대중적인 보급형 이미지가 있기 때문에 100퍼센트 푸른 용설란 수액을 기본으로 하여 고급 테킬라를 생산하는 그란 센테나리오(Gran Centenario)라는 제조사를 자회사로 보유하고 있기도 하다.

첫째로 미국에서 저가로 팔리는 호세 쿠에르보 블랑코(Jose Cuervo Blanco)는 51퍼센트의 푸른 용설란 수액과 49퍼센트의 기타 용설란 수액으로 만들어진다. 소주와 마찬가지로 높은 도수로 증류된 후 물을 섞어 도수를 맞춘다. 테킬라를 기본으로 한 칵테일을 만드는 데 자주 사용되는 것이 특징이다.

두 번째로 쿠에르보 에스페시알 골드(Cuervo Especial Gold)가 있다. 미국에서 가장 많이 팔리는 테킬라 중의 하나지만 멕시코에서는 보기 힘들다. 51퍼센트의 푸른 용설란 수액과 49퍼센트의 기타 용설란 수액을 재료로 한다. 밝은 황금색의 빛깔을 보여 숙성된 테킬라라 생각하기 쉽지만 사실 이 색깔은 캐러멜 등의 첨가물에 의한 것이다. 호세 쿠에르보 블랑코와 같이 저가의 보급형 테킬라라 할 수 있다.

세 번째로 쿠에르보1800(Cuervo1800)이 있다. 51퍼센트의 푸른 용설란 수액과 49퍼센트의 기타 용설란 수액을 원료로 만들어졌다. 쿠에르보 에스페시알 골드에 비해 한 단계 높은 수준의 테킬라라 할 수 있지만 재료와 증류방식 그리고 캐러멜 등으로 색을 낸 것은 같다. 약간 숙성을 시킨 것으로 알려져 있지만 그 기간이 얼마인지 확실하지는 않다. 보통 생산된 이후에 숙성된 테킬라와 섞어서 제품을 출시한다고 알려져 있다. 하지만 그 빛깔은 테킬라 아네호보다 더 짙다. 삼각형 형

쿠에르보 트라디시오날.

태의 병에 담겨 있으며 뚜껑이 유리로 돼 잔으로도 사용할 수 있다. 일반적으로 테킬라 베이스 칵테일에 많이 사용된다.

네 번째로 쿠에르보 트라디시오날(Cuervo Tradicional)이 있다. 현재 널리 알려진 테킬라 중 하나이며 잘 팔리는 테킬라 레포사도 중 하나다. 100퍼센트 푸른 용설란 수액으로 만들어졌으며 다른 첨가물이 일체 없다. 두 달 이상 숙성되는데, 가격 대비 훌륭한 맛과 향을 보인다. 쿠에르보 트라디시오날은 스트레이트 혹은 얼음을 곁들여 마시기에 가장 알맞은 테킬라다. 또한 얼려 먹는 테킬라로도 많이 알려져 있다. 병을 냉동실에 넣어 얼음이 살짝 얼었을 때가 제맛을 드러내는 때라는 설이 있다. 호세 쿠에르보를 대표하는 브랜드이며, 그것을 증명하듯 오직 쿠에르보 트라디시오날에만 검은 까마귀 마크가 찍혀 있다(Cuervo는 '까마귀'라는 의미의 스페인어).

다섯 번째로 레세르바 안티구아1800 아녜호(Reserva Antigua 1800 Añejo)가 있다. 고급 테킬라 시장, 숙성된 테킬라 시장이 점점 성장하자 거기에 맞추어 출시된 브랜드다. 100퍼센트 푸른 용설란 수액으로 만들어졌으며 1년 이상 숙성된 고급 테킬라다. 쿠에르보1800과 비슷한 형태의 병에 담겨 있으나 상대적으로 조금 더 작은 편이고 나무 재질의 마개가 사용된다. 다른 아녜호 테킬라와 비슷하게 순하고 부드러우며 미묘한 참나무 향이 이 테킬라의 매력이다. 테킬라 시장이 더 성장하고 그중에서 고급 테킬라 시장이 점점 커진다면 이 브랜드는 호세 쿠에르보에서 독립할 가능성이 높다.

여섯 번째로는 호세 쿠에르보 레세르바데 라 파밀리아(Jose Cuervo Reserva de la Familia)가 있다. 현재 판매되는 호세 쿠에르보의 테킬라 중에 가장 비싼 상품이다. 100퍼센트 푸른 용설란 수액으로 만들어졌으며 3년 이상 숙성된 고급 테킬라다. 호세 쿠에르보가 이 상품을 출시한 이유는 무엇보다 3년 이상 숙성된 고급 테킬라 시장을 개척하기 위해서다. 독특한 것은 붉은색 계통이 아닌 상대적으로 밝고 하얀 참나무통에서 숙성됐다는 것이다. 특이하게 하얀 참나무통을 사용하지만 색깔이 밝아진 것이 아니라 더 짙어지고, 그 빛깔과 향이 코냑이나 버번과 흡사해졌으나 푸른 용설란의 매운맛과 향은 여전히 남아 있다. 뒷맛은 상대적으로 달콤하다. 각각의 병에는 개별적인 식별번호가 찍혀 있으며 코르크 마개가 사용됐다. 마치 수공업 방식으로 만들어진 것과 같은 느낌의 나무상자에 담긴다. 나무상자 겉에는 멕시코적인 문양이나 그림이 새겨지기도 한, 처음부터 끝까지 멕시코적인 고급스러움을 느낄 수 있는 테킬라다.

마지막으로 소개할 테킬라는 시장 개척을 위해 출시됐다. 미스티코(Mistico)라는 테킬라인데 호세 쿠에르보 블랑코에 오렌

사우사의 상징과도 같은 스테인리스 증류기.
전통적인 방식에 비해 효율성이 뛰어나다.

지맛과 향을 첨가했다. 점점
성장하는 보드카와 경쟁하기
위한 브랜드다.

사우사

사우사(Sauza)는 호세 쿠
에르보와 함께 대표적인 테
킬라 제조사다. 현재 사우사
가 업계 2위라는 사실도 중
요하지만, 더 중요한 것은 이
사우사 가문의 사람들이 테킬라 산업에 기여한 공로다. 테킬라
가 할리스코주의 메스칼에 머무는 것이 아니라 전 멕시코적이
며 세계적인 증류주로 성장하는 데 주요한 역할을 담당한 것이
바로 사우사 가문의 사람들이다. 호세 쿠에르보가 공식적으로
테킬라를 처음 생산했다면 사우사는 공식적으로 미국에 처음
테킬라를 수출했다. 1873년 뉴멕시코 지역에 공식적으로 테킬
라를 수출하면서 국제적인 증류주로서의 테킬라의 위상을 만
드는 초석을 다졌다.

사우사는 전통적인 방식을 고수하기보다는 투자와 연구를
통해 현대적인 방식으로 다양한 제품을 생산하기 위해 노력해
왔다. 그로 인해 멕시코 내에서 테킬라가 주요한 현대 산업으로
발전할 수 있었다. 이런 노력은 국내 사정이 혼란했던 멕시코

혁명 때도 지속적으로 성장할 수 있는 원동력이 됐다. 이를 통해 사우사는 테킬라 산업을 이끄는 선구자적인 제조사로 굳건하게 자리 잡았다. 현재 사우사의 거의 모든 공정이 현대화·자동화됐다. 용설란이 가열되고 즙을 내고 발효되고 증류되는 과정이 각 브랜드별로 나누어져 독립적으로 이루어진다는 것이 주목할 만하다.

호세 쿠에르보가 해외시장을 적극적으로 공략하여 시장을 개척한 것에 비해 사우사는 일단 멕시코 국내 시장에 집중했다. 그런 결과 멕시코 내에서는 사우사가 절대적인 사랑을 받게 됐다.

사우사의 대표적인 브랜드는 6개 정도다. 첫 번째는 사우사 블랑카(Sauza Blanca) 혹은 사우사 실버라 부르는 테킬라다. 멕시코에서 가장 많이 팔리는 테킬라 중 하나이며 51퍼센트의 푸른 용설란 수액과 49퍼센트의 기타 용설란 수액으로 만들어진다. 이름에서 알 수 있듯이 숙성시키지 않은 테킬라이고, 높은 도수로 증류했다가 물을 더해 도수를 맞춘다. 다른 블랑코 테킬라와 마찬가지로 칵테일에 많이 사용된다.

두 번째로는 사우사 엑스트라(Sauza Extra)가 있다. 보통 골드라는 종류로 알려진 테킬라다. 거의 모든 제조과정은 사우사 블랑카와 같으나 첨가물을 넣어 색과 맛을 낸다. 해외에서 쿠에르보의 골드 테킬라의 수요가 늘자 출시했다. 특히 미국 시장에서 환영받는 테킬라다.

세 번째로 오르니토스(Hornitos: '작은 분화구'라는 의미의 스페인

사우사 콘메모라티보.

어)가 있다. 멕시코에서 오랫동안 사랑받았으며 사우사를 대표하는 브랜드다. 100퍼센트 푸른 용설란 수액으로 만들어지며 3개월 이상 4만 리터의 붉은 나무통에서 숙성시킨다. 다른 레포사도 테킬라에 비해 용설란의 매운맛과 향이 잘 살아 있다. 자몽 청량음료와 가장 잘 어울린다고 알려져 있다. 멕시코산 레몬이나 다른 과즙음료와 즐기기도 한다. 멕시코의 바텐더들이 마르가리타를 만들 때 가장 선호하는 테킬라이기도 하다.

네 번째로 사우사 콘메모라티보(Sauza Conmemorativo)가 있다. '기념비적인 사우사의 테킬라'라는 의미다. 보통 테킬라 아녜호의 경우 100퍼센트 푸른 용설란 수액을 사용하는 것이 일반적인데, 사우사 콘메모라티보는 혼합된 용설란 수액, 즉 51퍼센트의 푸른 용설란 수액과 기타 용설란 수액으로 만들어지는 것이 특이하다. 그래서 100퍼센트 푸른 용설란 수액으로 만들어진 테킬라 아녜호에 비해 30퍼센트 정도 값이 싸다. 보급형 테킬라 아녜호라 할 수 있다. 혼합된 테킬라 아녜호만의 독특한 맛이 있는데 어떤 이들은 오히려 더 좋은 풍미라고 평가하기도 한다.

다섯 번째로 갈라르돈(Galardon)이 있다. 갈라르돈은 '상(賞)'
이라는 의미다. 이 테킬라는 새로운 테킬라 범주인 고급 레포
사도 시장을 개척하고 있다. 100퍼센트 푸른 용설란 수액으로
만들어졌으며 11개월 이상 숙성되어, 오히려 테킬라 아녜호에
가까운 것이 특징이다. 고급 테킬라 시장이 성장하고 상대적으
로 테킬라 레포사도 시장이 위축되자 그 중간 형태를 선보인
것이다. 특히 병 모양이 우리나라의 전 대통령 중 한 분이 즐겼
다는 모 위스키를 연상시키기도 한다. 모든 병에 고유 식별번호
가 부여되며 그다지 많은 양이 생산되지 않아 실제로 구매하기
어려운 테킬라 중의 하나다. 오르니토스에 비해 더 짙은 빛깔
을 띠며 조금 더 부드럽다. 무엇보다 마지막의 감칠맛과 부드러
운 끝맛은 다음 잔을 부르는 유혹과 같다.

마지막으로 소개할 테킬라는 바로 사우사 트레스 헤네라시
오네스(Sausa Tres Generaciones)이다. 우리말로 '사우사의 삼대
(三代)'[15]라고 부를 수 있을 이 테킬라는 사우사에서 가장 고급
스런 브랜드다. 100퍼센트 푸른 용설란 수액으로 만들어 2년
이상 숙성한 고급 테킬라 아녜호다. 2년 이상 작고 흰 빛깔의
참나무통에서 섬세하게 숙성돼 그 향이 코냑이나 버번과 견줄
만하고, 뒷맛과 향이 꿀처럼 달콤하게 마무리되는 것이 특징이
다. 병도 짙은 빛깔로 코냑을 연상시킨다. 사우사에서 선보인
것 가운데 맛과 향 모두 가장 부드럽고 풍부하다.

에라두라

에라두라(Herradura)는 무엇보다 최고급의 테킬라를 만드는 회사로 유명하다. 에라두라라는 이름 자체가 멕시코에서는 최고급 테킬라를 의미할 정도로 회사의 명성은 거의 절대적이다. 1870년에 펠리시아노 로모(Feliciano Romo)가 회사를 세웠다. 창업주가 새로운 증류소 자리를 알아보던 중 오래된 말발굽 편자를 봤는데, 이것을 행운의 상징으로 여겨 회사 이름을 말발굽 편자를 의미하는 스페인어 에라두라로 정했다고 한다.

호세 쿠에르보와 사우사는 생산량이 많아지면서 직접 관리하지 않는 농장의 용설란도 사용하지만, 에라두라는 농장에서부터 생산, 판매의 모든 과정을 직접 관리하는 것이 특징이다. 처음부터 끝까지 모든 과정을 책임져 외부적 요인이 제품의 품질에 미칠 영향이 거의 없는 가장 독립적인 기업이다. 테킬라 업체 중에서는 유일하게 미국의 재무성 산하 '주류 담배 총포 담당국(BATF)'에서 인정한 "Estate Bottled(원재료의 재배와 수확, 술의 제조까지 직접 관리한다는 의미)" 업체이다. 에라두라의 품질이 멕시코에서뿐 아니라 미국 등 해외에서도 충분히 인정받고 있다는 의미다.

에라두라의 생산방식은 네오클래식이란 단어로 표현되는 경우가 많다. 생산과정에 현대적인 기술이 도입되긴 했지만 테킬라를 만드는 핵심적인 과정은 현재에도 전통적인 방식으로 진행되고 있다. 특히 천연 효모를 이용하여 전통적인 자연 방식으로 용설란 수액을 발효하는 것이 에라두라의 큰 특징이다. 증류의 과정에서도 현대적인 도구들을 사용하지만 그 방식 자체는 예전과 본질적으로 큰 차이가 없다.

에라두라의 테킬라는 일반적인 테킬라의 분류를 넘어선다. 특히 숙성의 기간이 다른 제조사보다 더 긴 것을 주목할 만하다. 에라두라에서 생산하는 테킬라는 다음 6가지다.

첫 번째로 에라두라 실버. 보통 실버 혹은 블랑코로 불리는 테킬라는 숙성되지 않고 증류되자마자 출하되는 것이 일반적이다. 하지만 에라두라 실버 테킬라는 40일 이상 숙성된 후에 출하된다. 그래서 다른 블랑코 테킬라가 투명한 데 비해 에라두라 블랑코는 옅은 노란빛을 띠는 특징이 있다. 맛과 향도 상대적으로 덜 자극적이며 부드러운 편이다. 하지만 멕시코 내에서만 판매되는 에라두라 블랑코의 경우 숙성과정 없이 출하되기도 한다. 마르가리타 같은 칵테일에 일반적으로 블랑코 테킬라가 어울리지만 에라두라 실버를 사용하면 조금 덜 자극적이다. 스트레이트 혹은 얼음과 함께 즐기기에도 손색이 없다.

두 번째로 에라두라 골드 혹은 에라두라 레포사도가 있다. 일반적으로 골드라는 명칭은 블랑코 테킬라에 향과 색을 첨가하여 만들어지는데, 에라두라의 골드 테킬라는 100퍼센트 푸른 용설란 수액이 1년 이상, 정확히는 13개월 숙성돼 출시된다. 그러므로 테킬라 레포사도보다는 테킬라 아녜호에 가깝다고 할 수 있다. 오히려 다른 테킬라 아녜호보다 더 고급스럽다고 할 수 있다. 물론 이것은 에라두라의 판매 전략이라고 할 수 있

에라두라 셀렉시온 수프레마.

다. 이런 고급화 전략을 통해 다른 브랜드의 테킬라 아네호와 비슷한 풍부하고 깊은 맛과 향을 느낄 수 있다. 특이하게도 마지막 향이 마치 아몬드 등의 견과(堅果)와 흡사해 고소한 맛이 난다.

세 번째로 에라두라 아네호가 있다. 100퍼센트 푸른 용설란 수액으로 만들어진다. 다른 테킬라 아네호의 2배 이상의 시간인, 2~3년 사이로 숙성시킨다. 굉장히 풍부하고 깊은 맛과 향이 느껴지며, 어떤 면에선 테킬라 특유의 자극적인 맛이 많이 상쇄된 테킬라다. 그래서 테킬라의 자극적인 맛을 즐기는 사람들은 에라두라 테킬라의 경우 아네호보다 레포사도가 더 맛있다고 하기도 한다. 대체로 짙은 담황색으로, 스트레이트 혹은 다른 첨가물 없는 얼음과 함께 즐기는 것이 일반적이다.

네 번째로 에라두라 셀렉시온 수프레마(Herradura Seleccion Suprema)가 있다. 이름 자체가 최고급 테킬라란 의미이다. 다른 에라두라 테킬라와 마찬가지로 100퍼센트 푸른 용설란 수액으로 만들어진다. 작고 흰 빛깔의 참나무통에서 3~4년 사이로 숙성된다. 30만 원 이상의 고가이며 원샷이 아니라 한 모금씩 그 맛과 향을 음미해야 할 것 같은 테킬라이다. 말발굽 편자를 연상케 하는 병 모양에서부터 수공으로 만들어진 나무상자와 그 외부에 새겨진 문양까지 어느 것 하나 고급스럽지 않은 부분이 없다. 하지만 그리 대중적이진 않다.

다섯 번째로 히마도르 블랑코(el Jimador Blanco)이다. 히마도르는 앞에서 언급한 것처럼 용설란을 경작하는 농부의 명칭이다. 에라두라의 다른 브랜드가 고가에 고급이라면 히마도르는 에라두라가 선보인 저가의 보급형 브랜드다. 100퍼센트 푸른 용설란 수액으로 만들어지며 숙성되지 않고 증류된 후 바로 출하된다. 다른 테킬라 블랑코와 마찬가지로 각종 칵테일이나 기타 과즙과 어울린다.

마지막으로 히마도르 레포사도가 있다. 보급형 브랜드로 테킬라 레포사도다. 100퍼센트 푸른 용설란 수액으로 만들어지며 4개월 정도 숙성된다. 멕시코 법률로 정해진 테킬라 레포사도의 숙성기간이 2개월인 것을 감안하면 이 역시 에라두라의 고급화 전략으로 볼 수도 있다. 그러나 섬세한 미각을 가진 사람이 아니라면 2~4개월 사이의 숙성의 차이를 느끼기란 쉬운 일이 아니다. 다른 에라두라의 테킬라에 비해 더 자극적이고 깊고 풍부한 향이 상대적으로 약한 편이지만 부담 없는 가격에 다양한 방법으로 편하게 즐기기에 알맞다. 에라두라의 저가 보급형 전략에 따라 레포사도 시장에서 차지하는 비중이 매해 증가하고 있다. 우리나라에도 소개돼, 호세 쿠에르보와 함께 우리나라에서 즐길 수 있는 몇 안 되는 테킬라 중 하나이기도 하다.

엘 테소로데 돈 펠리페(el Tesoro de Don Felipe)

일반적으로 사람들은 현대화·자동화된 공장의 상품보다 장인의 손으로 만들어진 수공예품을 선호한다. 공장에서 만들어지는 것은 상품이지만 장인의 손을 거친 수공예품은 예술이라 생각한다. 많은 테킬라 제조사들이 수작업을 강조하긴 하지만 생산의 효율성을 고려할 때 전통적인 방식만을 고집하는 것은 약간 시대착오적으로 보일 수도 있다. 말 그대로 그저 고집인 것이다. 그런 이유로 많은 제조사들이 테킬라 제조에 현대적인 기술을 도입하는 것이 사실이다. 하지만 돈 펠리페의 테킬라는 100퍼센트 수공예품이라 말할 수 있다. 스페인어 '테소로(el Tesoro)'는 보물이라는 뜻이지만 개인적으로는 고집이라 부르고 싶다. 돈 펠리페의 고집이 만들어 내는 100퍼센트 수공예품이 비로 이들의 테킬라인 것이다. 돈 펠리페의 생산 공장을 견학하는 것은 사실 테킬라 박물관을 견학하는 것과 별반 다르지 않다. 왜냐하면 테킬라 박물관에서 볼 수 있는 전통적인 도구들과 기구들이 실제 눈앞에서 사용되는 것을 볼 수 있기 때문이다. 세부적으로 보면 차이가 있을 수 있지만 마치 테킬라 다큐멘터리를 보고 있다는 착각도 할 수 있을 것 같다.

돈 펠리페는 1937년 펠리페 카마레라 에르난데스(Felipe Camarera Hernandez)에 의해 건립됐다. 이후 그의 가문으로 계승되며 현재에 이르고 있다. 100퍼센트 수작업이란 한계 때문에 테소로는 많은 양이 수출되지 못하며 멕시코에서도 다른

박물관의 증류기와 거의 같은 모델. 　전통적인 방식으로 왼쪽에서 자연 발효돼
오른쪽 증류기에서 바로 증류된다.

대형 제조사들에 비해 그렇게 많은 양을 생산하지는 않는다. 미국에 일부 수출되고 있는데, 특이하게 일본에서 테소로의 시장이 점점 커지고 있다. 아마 테소로는 술맛이라면 세계 어느 민족보다 잘 아는 우리 민족에게 환영받을 만한 테킬라일 것이다.

　돈 펠리페의 경우 에라두라와 마찬가지로 자신들이 농장을 직접 운영하고 최상질의 용설란만을 선별하여 테킬라를 제조한다. 용설란을 수확하여 쪼개고, 가열하고, 즙을 내고, 발효하고, 증류하는 모든 과정, 심지어 운반까지도 수작업으로 이뤄진다. 특이한 것은 1차 증류 때까지, 다시 말해 발효된 상태에서도 용설란의 섬유질이 포함돼 있다는 것이다. 용설란의 섬유질이 남아 있다는 것은 용설란의 맛과 향이 깊게 스며들 가능성이 높다는 뜻이다. 이것은 고급 코냑을 만드는 방법과 그리 다르지 않다. 에라두라와 마찬가지로 일체의 화학 첨가물이 제조과정에서 사용되지 않는다. 어쩌면 약간 우둔해 보이기까지

하는 이 모든 것은 만드는 이의 고집 없이는 불가능하다.

　테소로 브랜드는 종류에 상관없이 모두 100퍼센트 푸른 용설란 수액으로 만들어진다. 첫째로 엘 테소로데 돈 펠리페 블랑코/실버가 있다. 다른 테킬라 블랑코도 모두 2차 증류 이후 숙성과정이 없이 바로 상품화되지만, 엘 테소로데 블랑코는 갓 추출된 테킬라가 식자마자 병에 담겨 다른 테킬라 블랑코에 비해 용설란 특유의 향이 강한 것이 특징이다. 잔을 입가에만 가까이 해도 용설란의 알싸한 향을 느낄 수 있다. 용설란의 향을 제대로 느끼고 싶은 사람에게 가장 추천할 만하다.

　두 번째로 엘 테소로데 돈 펠리페 레포사도가 있다. 원래 테소로 브랜드에는 레포사도가 없었으나 최근에 추가됐다. 매년 테킬라 레포사도의 시장이 성장하고 있음을 방증하는 것이다. 돈 펠리페 레포사도 테킬라는 고급이라 할 수 있다. 9개월 이상 하얀 빛깔의 작은 참나무통에서 숙성하여 붉은 참나무통에서 숙성한 테킬라에 비해 밝은 노란빛을 띠며 감칠맛 나는 향이 특징이다. 용설란의 향이 강한 돈 펠리페의 특성상 부드러운 향이 입안에 맴돌아 강렬하게 시작하여 부드럽게 마무리된다. 대부분의 테킬라 레포사도가 칵테일과 스트레이트로 즐기기에 그저 무난한 정도라면, 돈 펠리페의 레포사도는 스트레이트로 즐기는 것이 좋다. 다른 브랜드의 테킬라 아녜호와 비교해도 뒤지지 않는 맛과 향을 느낄 수 있다.

　세 번째로 엘 테소로데 돈 펠리페 아녜호가 있다. 2~3년 정도 숙성된 프리미엄 테킬라라 할 수 있다. 밝은 담황색의 빛깔에 은은한 바닐라 향과 용설란 수액의 감미로움을 느낄 수 있다. 사실 테킬라의 맛을 표현하면서 '달다'라는 표현은 쓰기 어렵고 대신 '맵다' 등의 자극적인 표현들을 쓰기 쉬우나, 돈 펠리페 아녜호는 '감미롭다'거나 '달달하다'라는 표현을 쓸 만하다. 물론 그렇다고 테킬라 특유의 맛이 사라진 것은 아니다. 마치 얇은 사탕이 막처럼 테킬라를 싸고 있고 테킬라 안에 아주 자그마한 바닐라 향 사탕이 숨어 있는 느낌이다. 입안에서 얇은 사탕이 녹으면 테킬라가 터져 나오고 마지막에 마치 눈 녹 듯 잠시 바닐라 향이 입에 머물다 사라진다. 스트레이트로 즐길 만하고, 술의 향을 특히 즐기는 사람들에게 추천하는 테킬라다.

마지막으로 엘 테소로 파라디소(el Tesoro Paradiso)가 있다. 가장 최근에 출시됐고, '낙원, 천국'이라는 뜻의 이탈리아어를 이름으로 사용했다. 최근 성장하고 있는 고급 테킬라 시장에 발맞추어 출시된 3년 이상 숙성된 최고급 테킬라다. 엘 테소로 파라디소는 특이하게 두 차례 다른 방식으로 숙성된다. 일차로 오래된 버번 통에서 숙성한 후 이차로 프랑스산 참나무통으로 옮겨져 숙성한다. 오랜 연구를 통해 이중숙성이란 방법이 창안됐으며 그 결과 세계 유명 증류주와 비교해도 전혀 뒤지지 않는 테킬라가 탄생했다. 상대적으로 부드러움과 감미로움이 늘어났으며 테킬라의 자극성은 줄어들었다. 하지만 한 잔, 한 모금의 술을 음미하는 사람들에게는 더 없이 환영받을 만한 술인 것은 부정하기 어렵다. 앞에서 언급한 아녜호에 비해 사탕과 바닐라 느낌이 풍부해지고 테킬라 층은 줄어들어 전체적으로

엘 테소로 파라디소.

바닐라 혹은 버터가 첨가돼 더 부드러워진 느낌이다.

이외에 특별히 돈 훌리오(Don Julio)라는 회사를 소개하며 이 장을 마치려 한다. 시장 점유율이나 멕시코 내의 명성을 고려하면 앞에 소개한 회사들과 비교해 격이 조금 낮은 느낌이다. 그러나 돈 훌리오 아녜호의 경우 뒷맛과 향이 마치 초콜릿이나 모카커피의 느낌을 주어 많은 이들에게 사랑받고 있다. 어떤 이들은 이 향 때문에 돈 훌리오 아녜호를 최고로 치기도 한다. 특히 향을 좋아하는 우리나라 사람들이 선호하는 테킬라이기도 하다. 무엇보다 동그란 병이 예쁘게 보여 선물하기에도 좋은 편이다.

메스칼

여기까지 읽고 '진짜 좋은 테킬라에 대한 언급이 빠졌다.'거나 '구더기 들어간 최고급 테킬라에 대한 언급이 빠졌어.'라고 생각하는 사람들도 있을 것이다. 인터넷 등을 통해 널리 퍼진 정보들 중에선 테킬라에 대한 위와 같은 소문들이 있다. 일단 구더기 혹은 유충은[16] 테킬라에서는 볼 수 없고 오직 메스칼에서만 볼 수 있다. 위에서 언급했듯 초기 용설란 수액을 이용하여 증류된 모든 술을 메스칼이라 불렀고 할리스코주와 타마울리파스주에서 생산된 용설란 수액을 이용한 증류주만을 법적으로 테킬라라 명명했다. 따라서 메스칼은 그 외 멕시코 지역에서 만들어진 용설란 수액을 증류한 증류주의 명칭이 되고, 19세기부터 테킬라가 산업으로 발전함에 따라 수공으로 만들어진 전통주와 같은 이미지를 갖게 됐다. 일반적으로 멕시코의 남부 특히 오악사카(Oaxaca)주에서 만들어진 메스칼을 최상급으로 친다. 테킬라의 경우와 마찬가지로 오악사카 등의 주에서 메스칼의 법적인 기준을 마련했지만 현재까지는 테킬라만큼 세밀하게 규정되지는 않았다. 그런 이유로 같은 블랑코, 레포사도, 아녜호라고 해도 숙성기간이나 첨가물의 여부는 제각각이다.

사실 무엇보다 중요한 것이 바로 메스칼의 맛일 것이다. '과연 테킬라와 얼마나 차이가 있는가 아니면 거의 비슷한가?' 등이 포인트이다. 일단 메스칼 레포사도와 아녜호의 경우 테킬라와는 다르게 블랑코와 별 차이가 없다. 그리고 블랑코의 경우 다른 테킬라 블랑코가 부드럽다고 느껴질 정도로 거친 느낌이다. 아마도 용설란의 차이 때문이겠지만, 같은 도수라고 해도 메스칼은 테킬라에 비해 좀 더 거친 느낌이 든다. 테킬라의 자극성을 좋아하는 사람이라면 메스칼을 좋아할 가능성이 높다. 거칠면서 부드러운 극단적인 맛이 조화를 이루는 레포사도나 아녜호 테킬라를 좋아하는 사람들에게는 너무 자극적이며 약간 정제가 안 된 거친 술로 느껴질 것이다.

그렇다면 구더기, 유충 들로 불리는 벌레는 과연 무엇일까? 결론부터 먼저 이야기하자면 그것은 단지 마케팅 수단일 뿐이다. 벌레가 들어간 술이라는 이미지만으로도 사람들의 눈길을 끌 만한데, 특히 외국인들에게는 이국적인 이미지와 겹쳐 상승작용이 일어난다. 용설란에는 보통 뿌리 쪽에 붉은 벌레가, 줄기와 이파리에 하얀 벌레가 산다. 우리나라식으로 표현하면 용설란의 기(氣)를 기생하는 벌레 들이 잔뜩 담고 있고, 그래서 이 벌레를 먹는 것은 용설란의 기 를 흡수하는 것이라는 설이 있 으나 이것은 그냥 설일 뿐이다.

메스칼에 들어 있는 벌레.

하지만 병이 비어 갈 즈음 누 가 벌레를 먹을 것인가를 두고 재미있는 놀이를 할 수도 있고, 농담 삼아 구더기로 담근 술이란 허풍도 둘러댈 수 있다. 그것 만으로 술자리가 풍요로워지는 것은 사실이다. 여담이지만 이 벌레는 전혀 해롭지 않으며 단백질 성분이 풍부하다.

요즈음에는 메스칼이 미국 등의 국가에 점점 더 많이 수출 되고 있고 멕시코에서도 그 시장이 확대되고 있다. 그러나 테킬 라와 비교해서 확연하게 구별되는 좋은 특징을 갖지 못한다면 장기적인 관점에서 볼 때 테킬라처럼 멕시코를 대표하는 하나 의 산업으로 발전하기는 어려울 것이다.

원샷에 카아!

 이 책의 처음에 일반적인 술에 관한 이야기와 우리의 술 이
야기를 한 이유는 결론에 우리의 술 문화와 테킬라와의 교집
합을 생각해 보기 위함이었다. 테킬라라는 멕시코산 증류주를
소개하는 것만이 목표가 아니라 우리나라에서 테킬라가 어떻
게 소비되고 문화적으로 어떻게 자리 잡을 수 있을 것인가를
고민한 것이다.

 우리의 술, 무엇보다 증류주라면 소주를 언급하지 않을 수
없다. 말 그대로 국민주이며 하루에도 천만 병 가까이 소비되
는 베스트셀러이자 스테디셀러이다. 서양 대부분의 지역에서는
약간의 마른안주 정도를 제외하면 그저 술만을 즐기는 경우가
많고 동양의 경우는 안주와 곁들이는 경우가 많다. 우리의 소

주는 자신이 주인이 돼 안주와 함께하기도 하고 손님, 즉 반주 (飯酒)가 돼 음식을 빛내기도 한다. 반주로서의 소주는 마치 초 밥을 먹을 때 생강이나 녹차의 역할과 비슷하게 음식의 잔향이 나 잔맛을 잡아 주고 깔끔하게 씻어 주어 매번 처음 한 입 같 은 입맛을 끝까지 유지시켜 준다. 소주는 특유의 맛과 향이 다 른 증류주에 비해 그렇게 강하지 않으므로 반주로서 너무나 잘 어울린다.

소주가 메인이 되는 '대포 한잔 한다.'는 말은 그저 소주와 안주를 즐긴다는 이야기가 아니라 하루의 피로를 혹은 일주일 의 피로를 푼다는 의미와 같다. 언제나 그런 것은 아니지만 원 샷이 어울리는 술이다. 여기서 원샷은 그저 소주잔의 소주를 다 마신다는 의미만이 아니라 잔을 높이 들어 쭉 들이켜고 '카 아!'라는 소리와 함께 잔을 내리치듯 내려놓는 것을 의미한다. 그리고 그동안 쌓여 온 많은 것들을 소주 한잔과 함께 털어놓 고 내려놓는 것이다. 그러다 점점 커지는 목소리와 알아듣기 어 려운 발음들로 가슴에 맺힌 것들을 풀어내는, 어쩌면 작은 살 풀이가 벌어지는 것이라 봐도 큰 무리는 없을 것이다.

사실 이런 삶의 피로를 털어 버리는 술로서 소주는 무엇보 다 가격 경쟁력이 좋다. 외국 증류주의 경우 높은 주세가 붙어 현재 소주처럼 소비된다는 것은 쉽게 상상하기 어렵다.

테킬라는 멕시코 현지에서 우리의 소주와 아주 흡사하게 소 비되는 술이다. 테킬라로 하루의 피로를 풀어내고 이런 저런 이 야기를 떠들며, 술자리의 수다답게 큰 소리로 와자지껄 떠들고 원샷 후에 잔을 내리치는 모습도 우리나라와 그리 다르지 않다. 저가의 보급형 테킬라의 경우 멕시코에서는 그 가격이 소주와 그리 차이 나지 않는다. 어쩌면 소주나 테킬라나 그 맛이라는 것은 마시는 순간에 혀끝에서 느껴지는 것이 아니라 식도를 타고 넘어가며 나오는 소리 '카아!'와 함께 느껴지는지도 모를 일이다. 이후에 멸치를 고추장에 찍어 먹든 풋고추를 된장에 찍어 먹든 소금에 레몬즙을 먹든 상관없이 말이다.

음식의 반주로서의 소주의 역할은 의외로 복잡하다. 자극적인 우리 음식의 맛과 향에 적절히 조화를 이루면서 음식의 감칠맛을 더해 주는 것은 그리 쉬운 일이 아니다. 공교롭게도 멕시코는 고추의 원산지다. 게다가 멕시코의 음식에도 양파나 마늘 등의 기타 자극적인 향신료도 많이 들어가는 편이다. 다시 말해 강렬함으로 말하면 우리 음식이나 멕시코 음식이나 별반 차이가 없다.

마치 시고 쓴 맛이 나는 포도주가 스테이크의 맛과 풍미를 더 살려 주듯이 강렬함과 부드러움이 적절히 조화를 이루고 있는 테킬라 레포사도의 경우 삼겹살 구이나 불고기 혹은 매운탕 등의 음식과 잘 어울리고 입맛을 당기는 효과도 있다. 물론 입맛이나 취향의 차이를 고려하면 100퍼센트 효과가 있다고 하긴 어렵지만 대체로 우리 음식들과 테킬라 레포사도는 무리 없이 잘 어울린다.

세계 다른 지역에서도 '원샷과 카아!'의 맛을 즐기고 있을 수 있다. 하지만 고추와 마늘, 양파와 파가 음식문화의 핵심적인 재료인 곳을 찾기란 그리 쉽지 않을 것이다. 몇몇 테킬라는 마치 차가운 소주를 선호하는 우리의 문화와 비슷하게 병에 약간 살얼음이 얼어 있는 상태에서 즐기기도 한다. 하루의 피로를 이런저런 이야기들과 흥겹고 정겨운 노래 자락에 실어 한잔 입안에 털어 놓고 '카아!'라고 내뱉는 술, 그리고 내려치듯 잔을 내려놓는 술, 그것이 바로 소주이며 테킬라다. 서쪽 미 대륙에서 건너온 고추가 동쪽 끝의 우리나라 음식문화의 핵심적인 재료가 된 것처럼 테킬라는 즐기는 방식, 소비되는 방식이 우리의 소주와 너무나도 흡사한 형제 같은 술이다. 우리나라의 많은 분들이 테킬라를 즐기며 '카아!'라 외치는 경험을 해 봤으면 좋겠다.

앞에서 간단하게 언급했지만 테킬라의 매력은 무엇보다 멕시코 할라피뇨(Jalapeño) 고추[17]맛과 비슷하다는 점이다. 매운맛이 포인트인 것이다. 매운맛은 혀와 입천장을 감싸며 위로 올라온다. 그래서 아주 매운 고추를 먹은 사람은 입에 불이 났다고 생각하곤 한다. 할라피뇨 고추는 우리나라 고추와는 다르게 그 매운맛을 느끼는 데 시간이 많이 걸리지 않는다. 먹으면 바로 '앗!' 하며 매운맛을 느낄 수 있다. 하지만 뒷맛은 달고 끝맛은 부드러우며 풋고추를 먹었을 때의 단맛 혹은 파프리카를 먹었을 때의 상쾌함도 느낄 수 있다. 할라피뇨 고추를 씹고 나서는 약간의 시차를 두고 혀가 얼얼하거나 마비가 되는 듯 느껴지지만, 침샘에서 뜨거운 침이 마치 고장 난 수도꼭지에서 수돗물이 나오듯 분비되는 청양고추를 먹었을 때의 부작용보다

할라피뇨 고추.

는 상대적으로 덜하다.

테킬라도 그렇다. 마치 손바닥 위의 알코올에 불을 붙인 것과 같이 화악 하며 강렬하게 타오르고 약간의 향기만 남기며 사라진다. 입안에서 불타고 사라지며 남은 여운은 레몬즙과 소금으로 닦아 낸다. 아니 소각한다고 표현하는 것이 더 어울릴 것 같다. 마치 고추로 얼얼해진 입안을 물로 헹구어 내는 것과 같다. 70도 가까이 되는 높은 도수의 술을 마셨을 때와 비슷한 느낌, 액체가 입에 들어가자마자 기체로 변하는 듯 향을 남기며 넘어가는 것이 바로 테킬라의 매력인 것이다.

미국의 테킬라 전문가들은 향신료, 특히 후추의 매운맛과 테킬라를 곧잘 비교하곤 한다. 하지만 과거에는 금과 비슷한 가치를 지녔던 향신료들은 그저 독특한 한두 가지의 향만이 있을 뿐이다. 마치 흑백텔레비전처럼 말이다. 하지만 테킬라와 할라피뇨 고추는 화끈한 매운맛 뒤에 달달한 맛이 이어지고 특유의 향기가 느껴지며 개운하게 마무리되는 아주 복잡하고 입체적인 맛이다. 물론 앞에서 언급한 고급 증류주와 비교하기는 어렵겠지만 비슷한 스타일의 증류주들, 예를 들어 비슷한 가격대의 보드카나 럼주에 비해 상대적으로 더 복잡하며 입체적인 맛과 향을 지닌 것이 테킬라다.

하지만 앞에서 묘사한 테킬라의 맛으로 설명되지 않는 것이 있다. 테킬라에는 앞에서 묘사한 맛 외에 다른 무언가가 있다고 한다. 테킬라의 유명세 혹은 그 악명을 설명하기 위해선 테킬라에 숨겨진 혹은 숨겨졌다고 여겨지는 마력을 언급하지 않을 수 없다. 테킬라의 마력이란 바로 광기로의 인도라고 할 수 있다. 완전히 정신을 놓고 자기도 믿기 어려운 자신의 모습으로 변하게 하는 것이 바로 테킬라의 마력이다.

실제로 처음 만난 사람들을 뜨겁게 사랑을 해 온 연인들처럼 바꾸는 힘이 있다거나 평범하게 혹은 순진하게 살아 온 사람들을 시대 최고의 광인 혹은 광대로 만들어 버리는 특수한 성분이 테킬라 안에 있다는 설이 있었다. 수많은 사람들이 자신의 광기의 이유로 테킬라를 언급했기 때문이다. 그 때문인지 미국의 한 대학에서는 세밀한 성분 분석을 통해 테킬라에 마약 성분이 있는 것은 아닌지 연구하기도 했다. 물론 현재까지 테킬라에 그런 성분이 있다고 증명되지는 않았다.

하지만 테킬라의 마력이라는 것은, 어찌 보면 우리에게 그렇게 특별하게 느껴질 만한 것은 아니다. 과음으로 인한 여러 에피소드는 우리나라 성인이라면 적어도 한 번 이상은 있을 만한, 자신이 직접 겪지는 않았어도 주변에서 그리 어렵지 않게 들을 수 있는 이야깃거리 중의 하나이기 때문이다. 심지어 자신이 어떤 말을 하고 어떤 행동을 했는지 기억조차 못하는, 소위 필름이 끊겼다고 말하는 경우마저 종종 있으니 말이다.

회식 자리나 송년회 자리에서 어렵지 않게 볼 수 있는 광경이 있다. 폭탄주라고 부르는 한국형 칵테일을 마시는 장면이다. 위스키처럼 꽤 도수가 높은 증류주와 맥주를 섞는 경우에서 소주와 레몬, 오이 같은 채소를 함께하거나 가스가 들어간 청량음료를 섞는 경우, 요새는 막걸리와 사이다를 섞어 먹는 경우까지 매우 다양하다. 폭탄주를 마시는 이유는 다양할 수 있으나 대개는 알코올의 독한 맛을 줄이고 빠른 시간 안에 얼큰한 취기를 느끼기 위해서일 것이다. 의학적으로도 가스가 들어간 음료와 알코올 성분을 같이 마시게 되면 상대적으로 더 빠르게 알코올이 체내에 흡수된다고 한다.

테킬라는 그 특유의 맛, 입안에서 맵게 느껴지는 강한 휘발성 때문에 다른 증류주에 비해 상대적으로 더 빠르게 취기를 오르게 한다. 테킬라와 함께 곁들이는 레몬과 소금의 시고 짠 자극성은 순간적으로 입안에 맴도는 테킬라의 휘발성을 상쇄하는 것 같으나, 결과적으로는 미각을 마비시키고 침의 분비를 촉진하여 디 많은 술을 마시게 한다. 어찌 보면 테킬라를 마시는 방법은 그 자체로 폭탄주를 마시는 것과 그리 다르지 않다고 할 수 있다. 어쩌면 약간 강하게 '카아!'를 외치고 싶을 때, 평소보다 약간 더 강한 살풀이가 필요할 때, 가슴에 맺힌 것들을 흘려보낼 때 가장 어울리는 술이 테킬라가 아닐까 하는 생각도 든다.

마지막으로 글로 표현하기 어려운 술의 느낌, 향과 맛에 대한 밑도 끝도 없는 질문과 말도 안 되는 어려운 요구들에 마치 본인의 일보다 더 중요한 일처럼 사명감을 가지고 물심양면으로 도와준 많은 멕시코 친구들에게 감사를 표한다. 포도주도 아닌 테킬라 블라인드 테스트는 정말 잊지 못할 기억으로 남을 것 같다.

1) 기록에 의하면 이들 제천의식은 나라 전체의 큰 행사로 음주가무
   (飮酒歌舞)가 함께하는 성대한 행사였는데, 일종의 추수감사제와
   같은 성격을 지녔다.

2) 신혼부부가 첫날밤에 꿀술을 마시는 전통에서 허니문(Honey-
   moon)이란 단어가 유래했다는 설이 있다.

3) Joanna Simon, *Conocer el vino*, Barcelona, BLUME,
   2004, pp. 19~22.

4) 조호철의 주(酒) 이야기(http://user.chol.com/~chhbin/).

5) 물론 와인을 비롯한 자연 발효주가 전 세계적으로 저렴한 가격으
   로 팔리는 것 또한 보관 및 운반 기술의 발전에 의한 것인데, 그것
   은 20세기에 접어들어서 가능케 된 것이다.

6) 용설란(龍舌蘭). 백합목(百合目, Liliales)에 속하며 꽃피는 식물.
   잎에서 얻을 수 있는 섬유질로 옷을 만들기도 하고 수액을 설탕
   대신 사용하기도 하고 술을 담그기도 한다.

7) 풀게를 메스칼이나 테킬라를 만들기 위한 자연 발효주라 단정하
   기는 어렵다. 풀게는 현재 우리나라의 막걸리처럼 알코올 음료로
   확실히 자리를 잡고 있기 때문이다. 현재 메스칼이나 테킬라를 만
   들기 위해 사용되는 자연 발효주와 풀게는 다르다.

8) Viceroyalty of New Spain. 스페인이 신대륙 정복지를 다스리
   기 위해 설치한 4개의 부왕령 가운데 첫 번째 부왕청. 부왕이 실
   질적으로 다스리던 곳은 멕시코와 중미 지역이다.

9) 법적으로 푸른 용설란이 51퍼센트 이상 사용돼야 테킬라라는 명
   칭을 붙일 수 있다. 다시 말해 51~100퍼센트까지 다양한 배합 비
   율의 테킬라가 존재한다.

10) 중남미의 레몬은 푸른색이다. 크기는 라임과 레몬의 중간이다. 그
    리고 레몬과 소금을 먹는 특별한 방법은 없다. 그저 편한 방법으
    로 먹으면 된다.

11) 참나무의 껍질 부분으로 만든 통으로 숙성하면 색이 진해지고,
    참나무 안쪽 부분으로 만든 통을 사용하면 향이 더 진해진다. 다
    시 말해 향과 색은 반비례한다고도 할 수 있다.

12) 물론 10만원 이상 하는 고가의 테킬라도 존재한다.

13) 우리가 알고 있는 스트레이트 잔보다 약간 더 크고 튼튼한 더블이라 부르는 잔을 자주 사용한다.

14) 우리가 일반적으로 마리아치 음악이라 부르지만 마리아치는 란체로 음악을 연주하는 밴드의 이름이며 음악 장르로는 '란체로' 혹은 '란체라'라고 부른다. 멕시코에서는 과달라하라가 중심지라고 할 수 있다. 멕시코 전역에서 사랑받는 음악이며 더 나아가 아르헨티나, 페루 그리고 베네수엘라 등의 국가에서도 발달한 것이 바로 란체로 음악이다. 미국의 컨트리 음악과 비슷하게 시골의 정서를 담고 있으며 플라멩코 음악의 영향이 엿보이기도 한다. 루이스 미겔, 알레한드로 페르난데스 등의 음악에 영향을 미친 장르이기도 하다.

15) '트레스 헤네라시오네스(Tres Generaciones)'는 우리말로 '삼대'라는 뜻이다. 우리나라에서 실력이 있거나 귀한 것을 말할 때 '삼대'라는 표현을 쓰는 것(삼대에 걸쳐 가업을 이어왔다, 내가 삼대독자야)과 같은 언어 사용법이다.

16) 'el Gusano'라는 스페인어의 번역으로 구더기, 유충 등의 뜻이다. 용설란의 뿌리나 줄기에 기생하고 있는 애벌레를 의미한다.

17) 할라피뇨는 멕시코의 북부에서 재배되며 아바네로는 멕시코 남부 유카탄 반도에서 재배된다. 할라피뇨 절임은 개운한 뒷맛 때문에 매운맛에 익숙하지 않은 사람들도 부담 없이 즐길 수 있다. 매운맛에 대한 표현은 역시 주관적인 것이라, 주변 우리나라 사람들의 의견을 많이 참조했다.

테킬라 이야기 멕시코 태양의 술

| 펴낸날 | 초판 1쇄 2010년 1월 28일 |
| | 초판 2쇄 2013년 7월 31일 |

지은이	최명호
펴낸이	심만수
펴낸곳	(주)살림출판사
출판등록	1989년 11월 1일 제9-210호

주소	경기도 파주시 문발동 522-1
전화	031-955-1350 팩스 031-624-1356
기획 · 편집	031-955-4662
홈페이지	http://www.sallimbooks.com
이메일	book@sallimbooks.com

| ISBN | 978-89-522-1328-0   04080 |

089 커피 이야기

김성윤(조선일보 기자)

커피는 일상을 영위하는 데 꼭 필요한 현대인의 생필품이 되어 버렸다. 중독성 있는 향, 마실수록 감미로운 쓴맛, 각성효과, 마음의 평화까지 제공하는 커피. 이 책에서 저자는 커피의 발견에 얽힌 이야기를 통해 그 기원을 설명한다. 커피의 문화사뿐만 아니라 커피에 대한 일반적인 정보 및 오해에 대해서도 쉽고 재미있게 소개한다.

021 색채의 상징, 색채의 심리

박영수(테마역사문화연구원 원장)

색채의 상징을 과학적으로 설명한 책. 색채의 이면에 숨어 있는 과학적 원리를 깨우쳐 주고 색채가 인간의 심리에 어떤 작용을 하는지를 여러 가지 분야의 사례를 통해 설명한다. 저자는 색에는 나름대로의 독특한 상징이 숨어 있으며, 성격에 따라 선호하는 색채도 다르다고 말한다.

001 미국의 좌파와 우파

이주영(건국대 사학과 명예교수)

진보와 보수 세력의 변천사를 통해 미국의 정치와 사회 그리고 문화가 어떻게 형성되고 변해왔는지를 추적한 책. 건국 초기의 자유방임주의가 경제위기의 상황에서 진보-좌파 세력의 득세로 이어진 과정, 민주당과 공화당의 대립과 갈등, '제2의 미국혁명'으로 일컬어지는 극우파의 성장 배경 등이 자연스럽게 서술된다.

002 미국의 정체성 10가지 코드로 미국을 말하다

김형인(한국외대 연구교수)

개인주의, 자유의 예찬, 평등주의, 법치주의, 다문화주의, 청교도 정신, 개척 정신, 실용주의, 과학·기술에 대한 신뢰, 미래지향성과 직설적 표현 등 10가지 코드를 통해 미국인의 정체성과 신념을 추적한 책. 미국인의 가치관과 정신이 어떠한 과정을 통해서 형성되고 변천되어 왔는지를 보여 준다.

058 중국의 문화코드

강진석(한국외대 연구교수)

중국의 핵심적인 문화코드를 통해 중국인의 과거와 현재, 문명의 형성 배경과 다양한 문화 양상을 조명한 책. 이 책은 중국인의 대표적인 기질이 어떠한 역사적 맥락에서 형성되었는지 주목한다. 또한, 구체적이고 실제적인 여러 사물과 사례를 중심으로 중국인의 사유방식에 대해 설명해 주고 있다.

057 중국의 정체성 eBook

강준영(한국외대 중국어과 교수)

중국, 중국인을 우리는 과연 어떻게 이해해야 하나? 우리 겨레의 역사와 직·간접적으로 끊임없이 영향을 주고받은 중국, 그러면서도 아직까지 그들의 속내를 자신 있게 말할 수 없는, 한편으로는 신비스럽고, 한편으로는 종잡을 수 없는 중국인에 대한 정체성을 명쾌하게 정리한 책.

015 오리엔탈리즘의 역사 eBook

정진농(부산대 영문과 교수)

동양인에 대한 서양인의 오만한 사고와 의식에 준엄한 항의를 했던 에드워드 사이드의 오리엔탈리즘. 이 책은 에드워드 사이드의 이론 해설에 머무르지 않고 진정한 오리엔탈리즘의 출발점과 그 과정, 그리고 현재와 미래의 조망까지 아우른다. 또한 오리엔탈리즘이 사이드가 발굴해 낸 새로운 개념이 결코 아님을 역설한다.

186 일본의 정체성 eBook

김필동(세명대 일어일문학과 교수)

일본인의 의식세계와 오늘의 일본을 만든 정신과 문화 등을 소개한 책. 일본인을 지배하는 이데올로기는 무엇이고 어떤 특징을 가지는지, 일본을 주목해야 하는 이유는 무엇인지 등이 서술된다. 일본인 행동양식의 특징과 토착적인 사상, 일본사회의 문화적 전통의 실체에 대한 분석을 통해 일본의 정체성을 체계적으로 살펴보고 있다.

261 노블레스 오블리주 세상을 비추는 기부의 역사

예종석(한양대 경영학과 교수)

프랑스어로 '높은 사회적 신분에 상응하는 도덕적 의무'를 뜻하는 노블레스 오블리주. 고대 그리스부터 현대까지 이어지고 있는 노블레스 오블리주의 역사 및 미국과 우리나라의 기부 문화를 살펴보고, 새로운 시대정신으로 노블레스 오블리주를 부활시킬 수 있는 가능성을 모색해 본다.

396 치명적인 금융위기, 왜 유독 대한민국인가 `eBook`

오형규(한국경제신문 논설위원)

이 책은 전 세계적인 금융 리스크의 증가 현상을 살펴보는 동시에 유달리 위기에 취약한 대한민국 경제의 문제를 진단한다. 금융안정망 구축 방안과 같은 실용적인 경제정책에서부터 개개인이 기억해야 할 대비법까지 제시해 주는 이 책을 통해 현대사회의 뉴노멀이 되어 버린 금융위기에서 살아남는 방법을 확인해 보자.

400 불안사회 대한민국, 복지가 해답인가 `eBook`

신광영 (중앙대 사회학과 교수)

대한민국 사회의 미래를 위해서 복지는 선택이 아니라 필수라고 말하는 책. 이를 위해 경제 위기, 사회해체, 저출산 고령화, 공동체 붕괴 등 불안사회 대한민국이 안고 있는 수많은 리스크를 진단한다. 저자는 사회적 위험에 대응하기 위한 복지 제도야말로 국민 모두의 삶의 질을 높일 수 있는 길이라는 것을 역설한다.

380 기후변화 이야기 `eBook`

이유진(녹색연합 기후에너지 정책위원)

이 책은 기후변화라는 위기의 시대를 살면서 우리가 알아야 할 기본지식을 소개한다. 저자는 기후변화와 관련된 핵심 쟁점들을 모두 정리하는 동시에 우리가 행동해야 할 실천적인 대안을 제시한다. 이를 통해 독자들은 기후변화 시대를 사는 우리가 무엇을 해야 할 것인지에 대하여 생각해 볼 수 있을 것이다.

eBook 표시가 되어있는 도서는 전자책으로 구매가 가능합니다.

㈜ 살림출판사

www.sallimbooks.com
주소 경기도 파주시 문발동 522-1 | 전화 031-955-1350 | 팩스 031-955-1355